渔樵问对

[宋] 邵雍 著
云岫 编

北方妇女儿童出版社
·长春·

版权所有　侵权必究
图书在版编目（CIP）数据

渔樵问对 /（宋）邵雍著；云岫编 . -- 长春：北方妇女儿童出版社，2025.8. -- ISBN 978-7-5585-9662-9

Ⅰ . B244.31

中国国家版本馆 CIP 数据核字第 20253QL311 号

渔樵问对
YU QIAO WEN DUI

出　版　人	师晓晖
责任编辑	王丹丹
装帧设计	刘一手
开　　本	880mm×1230mm　1/32
印　　张	4
字　　数	110 千字
版　　次	2025 年 8 月第 1 版
印　　次	2025 年 8 月第 1 次印刷
印　　刷	三河市南阳印刷有限公司
出　　版	北方妇女儿童出版社
发　　行	北方妇女儿童出版社
地　　址	长春市福祉大路 5788 号
电　　话	总编办：0431-81629600
定　　价	39.80 元

前言

　　北宋的烟云早已散去，伊水的涛声却仿佛犹在耳边：一位渔者，垂钓于碧波之上；一位樵夫，息肩于磐石之旁。他们谈论的不是鱼获柴薪，而是天地运行的法则、人世兴衰的密码、人心善恶的根源——这便是《渔樵问对》，一部托名于大儒邵雍的旷世奇书。

　　不同于寻常的经卷典籍，《渔樵问对》中没有居高临下的训诫，也没有晦涩难懂的术语，而是以最朴素的日常场景：钓鱼、砍柴、观物、论人为舞台，上演了一幕幕关于宇宙、社会与生命的深邃思辨。渔者与樵夫，这两位看似平凡的"草根哲人"，在问答往还间，将"利害""体用""物我""治乱""生死""善恶"等永恒命题拆解得通透淋漓。他们的对话在平易近人处藏着惊雷，于家常闲话中蕴含大道。

　　千年流转，世事变幻，为何我们仍需倾听这场古老的对话？因为渔樵所叩问的是人类永恒的困境与选择，尤其是在信息爆炸的今天，焦虑内卷、选择困难、价值迷失……诸如此类的困境，让我们比任何时候都更需要穿透迷雾的洞察力。这部《渔樵问对》便是我们洞察人性世事，收获生存智慧的最实用的心灵导航。

为了让这份智慧更贴近当代读者，本书特从原著中精选最具启发性的篇章，辅以三重用心编排：其一，精准注释疑难字句，扫清古文阅读障碍，让每个典故、每处隐喻都清晰可辨；其二，白话翻译力求信达雅，在保留原文神韵的同时，用现代语言重现对话的生动张力；其三，穿插历代与"渔樵智慧"相关的逸闻轶事，让抽象的哲理在具体故事中落地生根。

翻开此书，您并非在瞻仰一件思想古董，而是在江畔山间，与两位千年智者对坐。听他们如何用最朴素的言语，拆解最复杂的世事。无论您是在案牍劳形中寻求解脱，在人生岔路口彷徨无措，还是在喧嚣尘世渴望内心的澄明与笃定，《渔樵问对》中那穿透时空的智慧之光都将为您提供一份独特的清醒、一份深邃的慰藉、一份从容前行的力量。

愿这本书能成为你与古人对话的桥梁，让渔樵问答的智慧照见我们每个人的人生航程。

目录

- 一、"利害"之辩　　001
- 二、"体用"之辩　　009
- 三、"物我"之辩　　019
- 四、"名实"之辩　　024
- 五、"治乱"之辩　　032
- 六、"观物"之辩　　038
- 七、"人天"之辩　　045
- 八、"义利"之辩　　053
- 九、"力分"之辩　　058

十、"易理"之辩	063
十一、"人物"之辩	075
十二、"权变"之辩	086
十三、"生死"之辩	090
十四、"小人"之辩	096
十五、"才正不正"之辩	102
十六、"择用"之辩	110
十七、"善恶"之辩	116

一、"利害"之辩

原文在线

渔者垂钓于伊水①之上。

樵者过之,弛担②息肩,坐于磐石之上,而问于渔者,曰:"鱼可钩取乎?"

曰:"然。"

曰:"钩非饵可乎?"

曰:"否。"

曰:"非钩也,饵也。鱼利食而见害③,人利鱼而蒙利,其利同也,其害异也。敢问何故?"

注释

①伊水:古河流名,从今河南境内经过,为黄河支流。

②弛担:放下担子。

③见害:经历祸患。见,被动的意思,即"被"。

白话译文

伊水边上,有个渔夫正在钓鱼。

一个樵夫从这里经过,将担子从肩上卸下来,坐在大石头上歇脚。他问渔夫:"用鱼钩能钓到鱼吗?"

渔夫回答:"当然可以。"

樵夫问:"假如不放鱼饵,还能钓到吗?"

渔夫说:"当然不能。"

樵夫问:"那这样说来,是鱼饵把鱼钓上来的,而不是鱼钩。因为有鱼饵,鱼被钓起来,这是利于食而见于害;人坐在这里钓鱼是为了钓到鱼,这是利于鱼而获于利。鱼也好,人也好,都以食为利,这是二者相同的地方,可是鱼利于食却会遭遇祸患,人利于食却不会遭遇祸患,一个有祸患,一个没有祸患,这就是二者不一样的地方,请问这是为何呢?"

重点解读

这部分由钓鱼场景引出核心疑问:鱼儿因为贪图鱼饵(利益)而被钓上钩(遭遇祸患),人因为想要捕到鱼(获取利益)而得到好处,表面上看是同样获利,却有不同的损害对象。这实际上指出了生活中一个常见的迷茫——同样是追求益处,最终的结果却有好有坏。

原文在线

渔者曰:"子①樵者也,与吾异治②,安得侵吾事乎?然亦可以为子试言之。彼③之利,犹此之利也;彼之害,亦犹此之害也。子知其小,未知其大④。

一、"利害"之辩

注释

①子：对人的尊称，即"您"。

②异治：从事的行业不一样。

③彼：代词，这里指鱼。

④其大：指更本质的道理。

白话译文

渔夫说："您是樵夫，我是渔夫，我们从事的是不同的行业，您对我们渔夫的事又了解多少呢？话虽然这样说，我还是可以试着帮您说一下的。从根本上来说，鱼之利相当于人之利；鱼之害也相当于人之害。您看到的只是比较小的方面，并没有看到更本质的东西。

重点解读

这部分渔夫点出了樵夫认知上的狭隘之处：仅仅留意到"利害异"的表面现象，实际上"利害同"才是关键。这警示我们：不要被"利与害有所区别"的表象所迷惑，所有的生物都摆脱不了"利益中潜藏着危害"的法则，需要跳出局部而从整体去看待。

原文在线

鱼之利食①，吾亦利乎②食也；鱼之害食，吾亦害乎食也。子知鱼终日得食为利，又安知鱼终日不得食为害？如是，则食之害也重③，而钩之害也轻④。子知吾终

渔樵问对

> 日得鱼为利,又安知吾终日不得鱼不为害也?

注释

①利食:以食物为利,即认为食物是好东西。
②乎:介词,等同于"对"。
③重:严重。
④轻:不重要。

白话译文

　　鱼觉得食物是好东西,我也觉得食物是好东西。鱼因为食物遭到祸害,我也因为食物遭遇祸害。您只知道鱼整天将食物当作好东西,又如何知道鱼没有将食物当作坏东西呢?所以,对于鱼来说,因为食物遭到祸害才是最重要的,钩子所带来的危害是不太重要的。您只看到我天天钓鱼,将得到鱼当作好事,又怎知我每天钓鱼,如果没有鱼就不会遭受祸害呢?

重点解读

　　这部分展现了利与害的相对属性:在鱼看来,获取食物是益处,可要是没法得到食物,那才是更严重的损害;在人的眼中,捕到鱼是好处,可要是整天都钓不到鱼(难以维持生存),那也是一种损害。这让我们明白,利与害并非是绝对的,而是由具体的需求和所处的情境来判定的。

一、"利害"之辩

原文在线

如是,则吾之害也重,鱼之害也轻。以鱼之一身,当人之食,是鱼之害多矣;以人之一身,当鱼之一食,则人之害亦多矣。又安知钓乎大江大海,则无易地之患①焉?鱼利乎水②,人利乎陆,水与陆异,其利一也;鱼害乎饵,人害乎财③,饵与财异,其害一也。又何必分乎彼此哉!子之言,体也,独不知用④尔。"

注释

①易地之患:改变地方所带来的灾祸。

②利乎水:将水当作好东西,即靠水生存。

③害乎财:由于财物受损。

④用:事物的变化。

白话译文

所以,从我自身来说,我之害重,鱼之害轻。鱼的整个身子都被人吃掉,所以,鱼之害大;人倾尽全身之力去钓鱼,只是为了吃到鱼,如此说来,人的害也大。更何况,如果在大河上钓鱼,又怎知变换钓鱼地点不会让自己受害呢?鱼认为水是好东西,人觉得陆地是好东西。水不同于陆地,可是站在利的立场,水有利于鱼,陆地有利于人,二者有着相同的利;鱼受害于鱼饵,人受害于财物,鱼饵不同于财物,可是站在害的角度，鱼饵会危害到鱼，财物会危害到人，二者的害是一样的。如果是这样的话，鱼和人之间又为什么要泾渭分明呢？您说的只是事物的本质，而对事物的改变一无所知。"

重点解读

这部分点明利与害的同根性：鱼依托水而生存，人依靠陆地生活，利益的表现形式各异，但本质是一样的；鱼被鱼饵所困，人被钱财所累，危害的表现形式不同，但根源是相同的。渔夫还提到，只了解事物的本质（本体）却不明白其中的变化（运用），就无法看清利害。这使我们懂得：利害看起来不一样，实际上源自同一根源，知晓它们会随着情境发生变化的规律，才能真正领悟利害的真谛。

思维大图解

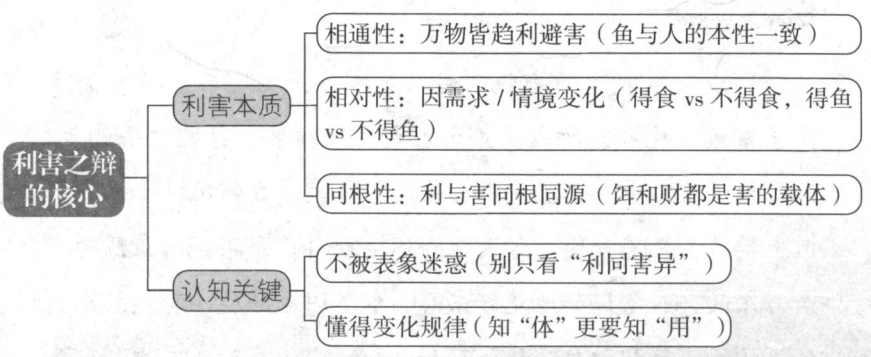

以古启智

塞翁失马

边塞有位名叫塞翁的老者,家中养着一群骏马。一日清晨,马群中少了一匹马,塞翁的家人急得四处寻找,邻居们得知消息,也赶来劝慰:"老人家,别太着急,保重身子要紧。"

塞翁却捻须一笑,说道:"丢了一匹马罢了,说不定是桩好事呢。"众人听了只当是老人在自我宽解,暗自觉得荒唐。

谁知过了数日,那匹走失的马竟自己回来了,身后还跟着一匹毛色油亮的野马。消息传开后,邻居们纷纷上门道贺:"您老真是料事如神!这可是双喜临门哪!"塞翁却皱着眉头说:"平白添了匹好马,未必是福气,说不定要惹出麻烦。"众人不解,只当他是得了便宜还卖乖。

塞翁的独子向来爱马,见那野马神骏非凡,日日骑着外出显摆。可这野马性子烈,一日突然挣脱缰绳狂奔,将少年狠狠甩下马背。待家人找到时,少年已摔断了腿,躺床不起。

邻里们又来探望,看着痛苦呻吟的少年,无不叹息。塞翁反倒平静如常:"断了条腿,却保住了性命,或许是不幸中的万幸。"这话再次引来众人的非议,觉得他不近人情。

没过多久,匈奴大举入侵,官府征兵抗敌,村里的青壮

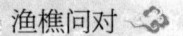

年都被强征入伍。塞翁的儿子因腿伤未愈,得以留在家中。后来传来战报,入伍的青年大多战死沙场,塞翁的儿子却安然无恙。

这便是"塞翁失马,焉知非福"的由来。世间事本就祸福相依,一时的得失未必是最终定数,就像潮水有涨有落,世事的起伏中往往藏着意想不到的转机。

总结时刻

利害从不是界限分明的对立,而是交织在一起的整体。鱼为食活可能贪饵被钓,人逐利求生难免陷入困局——利与害本是同一本质的不同呈现。

看清利害的相对性与同根性,趋利时留清醒,避害时存豁达,方能掌控利害而非被其左右——这便是"利害之辩"的生存智慧。

二、"体用"之辩

原文在线

樵者又问曰:"鱼可生食乎?"

曰:"烹之可也。"

曰:"必吾薪济子之鱼乎?"

曰:"然。"

曰:"吾知有用乎子矣。"

曰:"然则子知子之薪①,能济②吾之鱼,不知子之薪所以能济吾之鱼也。薪之能济鱼久矣,不待子而后知。苟世未知火之能用薪,则子之薪虽积丘山,独且奈何哉③?"

注释

①薪:柴火,这里指樵夫砍的柴火。

②济:帮助,这里指"用柴煮鱼"。

③且奈何哉:又能如何呢?独,表反问;且,助词。

白话译文

樵夫又问:"鱼可以生吃吗?"

渔夫答:"煮熟了就可以吃了。"

渔樵问对

樵夫问："那肯定用我砍的柴火来煮你的鱼了？"

渔夫答："那是自然。"

樵夫问："那我明白了，因为你的鱼，我的柴火才有了作用。"

渔夫答："尽管您知道您的柴可以用来煮我的鱼，可是您却不知道为何。柴火可以煮鱼，这件事情已经存在很长时间了，在您知道之前，人们就已经熟知了。如果人们还不知道用柴可以生火，那么，哪怕您有再多的柴火，也没什么用。"

重点解读

这段通过樵夫和渔夫的交谈，引出对"体用"的初步探究。事物的"体"（像柴的本质）要通过"用"（像柴被火点燃用来煮鱼）才能体现价值，而"用"的发挥常常要依靠其他条件（比如火）。只看到"体"的存在，不明白"用"所需的条件，就不算真正了解事物的价值。

原文在线

樵者曰："愿闻其方①。"

曰："火生于动，水生于静。动静之相生，水火之相息。水火，用也；草木，体也。用生于利，体生于害。利害见乎情，体用隐乎性。一性一情，圣人能成。子之薪犹吾之鱼，微火则皆为腐臭败坏，而无所用矣，又安能养人七尺之躯②哉？"

樵者曰："火之功大于薪，固已知之矣。敢问善灼物，

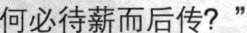

何必待薪而后传？"

曰："薪，火之体也。火，薪之用也。火无体，待薪然后为体；薪无用，待火然后为用。是故凡有体之物，皆可焚之矣。"

注释

①方：道理。

②七尺之躯：代指人，古代常用"七尺"来形容成年男子的身高。

白话译文

樵夫说："我想听您说其中的道理。"

渔夫说："火生于动，水生于静。动静相生，水火相互依存、相互制约。水火为用，草木是根本。用从利中诞生，体从害中诞生。利害在情实上面显示，体和用在属性中隐藏着。有质性、有情实，你的柴火才能被圣人成就。就如同我的鱼，假如不是火来煮，就会腐烂，毫无意义了，又如何能养育一个成年人呢？"

樵夫问："火比柴有用多了，我已经知道了。那为什么易燃物还需要柴火来引燃呢？"

渔夫答："火的本体是柴，火运用在柴上。火没有本体，要先有柴，才能以柴为本体；柴没有功用，要先有火，才能运用火。所以，只要是有本体的物品，都可以用来燃烧。"

重点解读

在这部分，渔夫进一步剖析"体用"的关联：火因运动而生，水因静止而存，动与静相互依存，让水火既能彼此补充（比如烹鱼），又能相互克制（比如灭火）。草木属于"体"（内在本质），水火则是"用"（外在功能），"用"的产生源于对"益处"的需求，"体"却可能暗藏"害处"。

原文在线

曰："水有体乎？"

曰："然。"

曰："火能焚水乎？"

曰："火之性，能迎①而不能随，故灭。水之体，能随而不能迎，故热。是故有温泉而无寒火②，相息之谓也。"

曰："火之道生于用，亦有体乎？"

曰："火以用为本，以体为末，故动。水以体为本，以用为末，故静。是火亦有体，水亦有用也。故能相济又能相息，非独水火则然，天下之事皆然，在乎用之何如尔③。"

注释

①迎：抵抗。文中指火遇到水会不自觉地抵抗。

②寒火：虚无的"冷火"，和"温泉"相比较，注重火性热、水性可伴之左右。

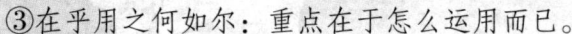二、"体用"之辩

③在乎用之何如尔:重点在于怎么运用而已。

白话译文

樵夫问:"水有本体吗?"

渔夫说:"有。"

樵夫问:"火能把水烧着吗?"

渔夫说:"火的属性,和水相遇后会彼此对抗,而不能相伴而生,因此灭了。水的属性,和火相遇后可以相伴而生,而不能彼此对抗,因此水变热了。所以存在温泉,却不存在寒火,原因是水火相互制约。"

樵夫问:"火的功能从用而来,它也有体吗?"

渔夫说:"火始于用,终于体,因此火是动的。水始于体,而终于用,因此水是静的。所以,火也有体,水也有作用,二者不仅相互依存,还相互制约。不仅水火是这样,万事万物皆是这样,关键在于你怎么用。"

重点解读

火的本性刚猛(主动进击),水的本性柔和(顺势随形),因此火无法焚毁水,反倒会被水扑灭,水却能被火加热——这并非本体存在绝对差异,而是"功用"的施展方式不同。世间万物都兼具本体与功用,差别在于如何依据具体情况加以运用,这正是"体用不二"的核心所在。

渔樵问对

原文在线

樵者曰:"用可得闻乎?"

曰:"可以意得者①,物之性也。可以言传者②,物之情也。可以象求者,物之形也。可以数取者,物之体也。用也者,妙万物为言者也,可以意得,而不可以言传。"

曰:"不可以言传,则子恶得而知之乎?"

曰:"吾所以得而知之者,固不能言传,非独吾不能传之以言,圣人亦不能传之以言③也。"

注释

①可以意得者:可由意识感受到的,指事物的本质。

②可以言传者:可用语言阐述的,指事物外在的显现。

③圣人亦不能传之以言:圣人也难以用语言表达出来,注重要意会"体用"的巧妙之处。

白话译文

樵夫问:"怎么使用呢?"

渔夫答:"由意识感知到的,是事物的本性;由语言表达出来的,是事物外在的显现;由形象观察到的,是事物的形态;由数量来衡量的,是事物的多少。怎么使用,描述万物的绝妙之处,只可意会,不可言传。"

二、"体用"之辩

樵夫问:"不可言传,那您又是怎么知道的呢?"

渔夫答:"我深知其中的原因,原本用语言表达不出来。不仅我不能用语言表达出来,即便是圣人也做不到。"

重点解读

这部分探讨"体用"的不可言传性:事物的固有本性(体)能通过观察来感知,外在的状态(情)可以用语言来描述,但深层次的"用"(如何灵活加以运用)却只能靠内心去领悟。

原文在线

曰:"圣人既不能传之以言,则六经①非言也耶?"

曰:"时然后言②,何言之有?"

樵者赞曰:"天地之道备于人,万物之道备于身,众妙之道备于神,天下之能事毕矣,又何思何虑!吾而今而后,知事心践形③之为大。不及子之门,则几至于殆矣。"

乃析薪烹鱼而食之,饫而论《易》。

注释

①六经:指《诗》《书》《礼》《易》《乐》《春秋》。

②时然后言:等到时机成熟时再讲话,着重说明说话要符合当时的场景。

③事心践形：用心感悟并用行动表现出来。"践行"，指通过行动表现本质。

白话译文

樵夫问："既然圣人都难以用语言阐述，那么六经又是如何出现的？六经不也是用语言表达出来的吗？"

渔夫答："到了合适的时机才说话，又能说什么呢？"

樵夫感叹道："在人身上最完整地彰显出天地的规律，在事物身上最完整地体现出万物的规律，在神秘之处最完整地体现出不同奥妙的玄机。这三者包括了天下所有的道理。此外，还要考虑什么呢？自此以后，我知道要用心去感受，用行动去实践，这是很重要的。假如不到您这儿来，和您交流，我几乎不会想到这些。我差点儿就成一个莽夫了。"

于是樵夫卸掉柴火，煮鱼吃，吃饱后再一起探讨《易经》。

重点解读

这部分以"六经非言也耶"的问答，点明"体用"的超越性：圣人编纂六经，并非要将道理僵化，而是在恰当的时机传递启发性的思考。这告诉我们：真正的智慧是在知晓"体"的基础上，通过实践领悟"用"，让本质与功能在行动中达成统一。

二、"体用"之辩

思维大图解

体用之辩的核心
- 体：事物的本质（如柴、水、草木）
- 用：事物的功能（如柴煮鱼、水灭火）
- 关系：体是基础，用是体的发挥；体用相依，需借动静、情境实现（如柴需火燃，水需火加热）
- 关键：懂体更要会用，不可空谈本质，也不可乱用本质

以古启智

王弼注《老子》悟体用

三国时期，有位名叫王弼的少年奇才，十多岁便以解读古籍闻名。当他着手注解《老子》时，众人都以为他会循着前人逐字释义的老路，他却另辟蹊径，提出了振聋发聩的"体用不二"之说。

在他看来，"道"就像万物的根，是深藏的"体"；而万物的运行变化，便是这根上长出的枝叶，是可见的"用"。根与枝叶本是一体，怎能拆分来看？有人不服，便追问道："《老子》开篇就说'道可道，非常道'，难道这'道'真就说不得？"

王弼指着案上的水杯笑答："你看这水，本质是'柔'，这是它的'体'；能润田、能灭火、能载舟，这些是它的'用'。你能说清'柔'是什么感觉，数得尽水的千般用处

渔樵问对

吗？《老子》的文字就像指月的手，能引你望见'道'的轮廓，却不是'道'本身。"

注解《老子》时，他从不在"道是什么"这类问题上纠缠。读到"上善若水"，他不谈水的形态，只说"水因柔能穿石，人因善能成事"；论及"道法自然"时，他不说自然的模样，只讲"万物顺应本性方能生长，人顺应本心方能成事"。这种"由用悟体"的思路，让古籍中的智慧"活"了过来。

最终，王弼注解的《老子》成了传世经典。人们透过他的文字恍然大悟：看清事物的本质并不难，懂得如何运用才是真学问，而体用合一的智慧才能照亮前行的路。

总结时刻

"体用"之争其实是教我们怎么真切地看懂事物。世上万物都有体有用，关键在"知体会用"：既摸透内里，又能顺着不同境况灵活施展。

成年人过日子，"体用"之说连着看事的根本。事物的本相是"体"，派上的用场是"用"，二者缺一不可。

三、"物我"之辩

原文在线

渔者与樵者游于伊水之上。渔者叹曰:"熙熙乎①万物之多,而未始有杂②。吾知游乎天地之间,万物皆可以无心而致之矣。非子则孰与归焉?"

樵者曰:"敢问无心致天地万物之方?"

渔者曰:"无心者,无意之谓也。无意之意,不我物也。不我物,然后定能物物③。"

注释

①熙熙乎:形容万事万物井然有序的样子。

②未始有杂:从来没有乱过。

③物物:掌控万物。第一个"物"当动词用,意为"掌控、主导"。

白话译文

渔、樵二人在伊水之上游览,渔者不由感慨道:"世上万物何其多,却井然有序。我知道在天地之间游览,用客观的心态来了解万事万物。假如没有你,又有谁和我一起回到

渔樵问对

自然呢?"

樵夫问:"能告诉我如何用无心来了解天地万物吗?"

渔夫说:"无心就是无意,无意就是将我和物看作一个整体,之后掌控万物。"

重点解读

这部分渔者提出"物我之辩"的核心起点——"无心"。这"无心"绝非字面意义上的毫无思绪,而是指不刻意在"自我"与"万物"之间设下对立的界限(即"不我物也")。渔者所言"不我物,然后定能物物",恰恰揭示了这样的道理:不被"自我"的框架束缚,方能真正洞悉万物的本质,这是认知世界不可或缺的前提。

原文在线

曰:"何谓我,何谓物?"

曰:"以我徇物①,则我亦物也;以物徇我,则物亦我也。我物皆致②,意由是明。天地亦万物也,何天地之有焉?万物亦天地也,何万物之有焉?万物亦我也,何万物之有焉?我亦万物也,何我之有焉?何物不我?何我不物?如是则可以宰天地,可以司鬼神,而况于人乎?况于物乎?"

三、"物我"之辩

注释

①以我徇物:指让"我"服从外物。徇,服从、追从。
②我物皆致:"我"和"物"的道理都可以明白。

白话译文

樵夫问:"什么是我?什么是物?"

渔夫说:"以'我'从物,'我'和物就可以画等号;以物从'我',物和'我'就可以画等号。'我'和物没有区别,这样道理就清晰了。天地也是万物,天地在哪里?万物也是天地,万物又在哪里?万物也是'我',万物又在哪里?'我'也是万物,根本不存在什么'我',每个物都是'我',每个'我'都是物。如此来看,就可以掌控天地、指挥鬼神了。可以指挥天地和鬼神了,人又算什么呢?物又算什么呢?"

重点解读

这部分深入阐释"我与物"的辩证关系:二者并非处于全然对立的状态。如果使"我"屈从于外物,"我"便也成了物;若让外物顺应"我",物亦等同于"我"。渔者所言之"何物不我?何我不物",正是在着重说明:冲破对"我"与"物"的固有执念,方可摆脱局限,更透彻地认知世界,甚至洞悉并驾驭事物的规律。

思维大图解

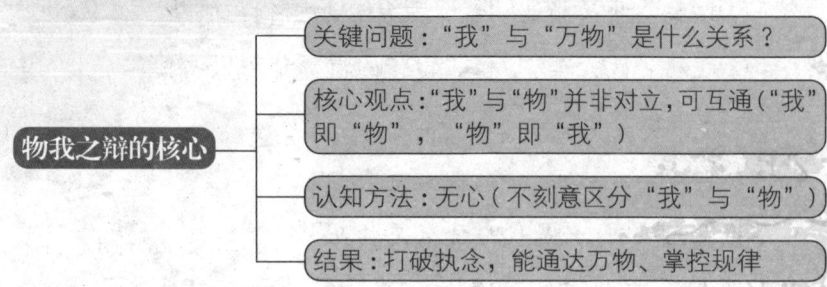

以古启智

庄周梦蝶悟物我

庄周生活在战国时期,一天午后,他在案前盹睡,恍惚间化作一只蝴蝶。他在花丛中穿梭,早忘了世间有个叫"庄周"的人,只觉得翅尖的颤动就是全部的快乐。

他猛地惊醒,望着自己摊开的手掌发怔:方才分明是蝶,此刻怎么成了人?究竟是我梦到了蝶,还是蝶正梦着我?

弟子在旁见他出神,忍不住问他:"蝶是蝶,先生是先生,怎能混为一谈?"庄周指尖轻点桌面,笑道:"蝶有蝶的自在,我有我的牵念,可若咬定'我非蝶',不就错过了两者都是生命的本相?你看风过荒原,草说风在动,风说草在摇,其实不过是因缘凑在一处——我和蝶,和天地间的万物,本就没有划死的疆界。"

这话传到非议者耳中,有人斥他"颠倒黑白"。庄周不恼,反倒指着天上的云问:"你在山脚看云像奔马,到山顶看又像卧羊，云没变，是你站的地方不同，为何非要断定云'是马不是羊'？"

那人一时语塞。庄周拂袖起身，踏过门前的青苔："人总爱给万物贴标签，说'这是我，那是物'，却不知水流过石缝时，水成了石的形状；月照进湖面时，月成了湖水的模

样。这就好比骊姬初入宫时哭湿了衣衫，后来却贪恋宫中美馔——昨日的愁与今日的乐，不都是同一人的心绪吗？"

夕阳下，庄子望着墙根下爬行的蜗牛，忽然笑了。或许醒是梦的延续，蝶是人的另一种模样，何必在"是"与"不是"里打转？天地本就没有绝对的分别，能放下执念的人，才能在蝶与我、物与己之间读出相通的真意。

总结时刻

> 成年人世界的"物我之辩"，核心是学会消解执念带来的内耗。我们总在无意识中划清"我"与外界的边界。
>
> 与人共事时，打破自我与外界的壁垒，才能在关系里少些对抗，在世事中多一份从容——这正是"物我合一"藏在岁月里的通透。

四、"名实"之辩

原文在线

樵者问渔者曰:"天何依?"

曰:"依乎地。"

曰:"地何附?"

曰:"附乎天。"

曰:"然则天地何依何附?"

曰:"自相依附。天依形,地附气。其形也有涯①,其气也无涯。有无之相生,形气之相息②。终则有始,终始之间,其天地之所存乎?天以用③为本,以体④为末;地以体为本,以用为末。利用出入之谓神,名体有无之谓圣。唯神与圣,能参乎天地者也。

注释

①涯:边际,界限。

②相息:相互依存,滋生。

③用:功能,作用。

④体:形体,本体。

四、"名实"之辩

白话译文

樵夫问："天以什么为依靠？"

渔夫说："天以地为依靠。"

樵夫问："地以什么为依靠？"

渔夫说："地以天为依靠。"

樵夫问："那么天地又以什么为依靠？"

渔夫说："彼此依靠。天以地的形体为依靠，地以天的气息为依靠。形体有界，气息却无界。有和无彼此滋生，形体和气息相互共存。在开始和结束之间不断轮回，天地可能就存在于这种循环中。天的本质是它的应用，末节是形体；地的本质是它的本体，末节是应用。知道如何追求利益、如何发挥功用、如何显现、如何隐藏，这就叫作'神'。知道名称是什么、本体是什么、'有'是什么、'无'是什么，这就叫作'圣'。只有抵达神与圣的境界，才能将天地间的奥秘掌握在手中。"

重点解读

这部分通过樵夫与渔者的交谈，讲透了事物彼此依存的道理。天地看上去各自独立，实际上天要靠地的形体来承载，地要靠天的气息来滋养。弄明白这种"形体与气息""本体与功用"的关联，就能更深入地理解世界的运行法则，这正是智慧的开端。

渔樵问对

原文在线

小人则日用而不知，故有害生实丧之患也。夫名也者，实之客①也；利也者，害之主②也。名生于不足，利丧于有余。害生于有余，实丧于不足。此理之常也。养身者必以利，贪夫则以身殉，故有害生焉。

注释

①客：宾客，比喻处于从属、依附的地位。
②主：有主宰、根源的意思。

白话译文

而普通百姓虽然每天都在应用，却不知道应用的概念，因此才会出现"害生实丧"的灾祸。"害生"是什么？就是出现祸患。"实丧"是什么？就是实体受损。名是实的"宾客"，害的"主人"是利。当一个人能力不足时，会有名声，由于追求过度，而失去利益。如果一个人贪心不足，就会出现灾祸。由于自身能力不足，自身就会受损。这是世间普遍存在的真理。给身体补充营养，必然需要有益于身体的东西，可贪心的人为了追逐利益，竟然以自身为代价，所以才会出现灾祸。

重点解读

这部分指出了普通人容易掉进的"名利陷阱"。名

四、"名实"之辩

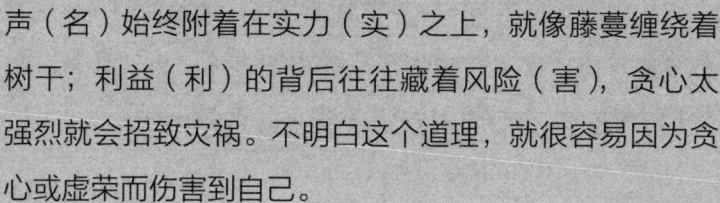

声（名）始终附着在实力（实）之上，就像藤蔓缠绕着树干；利益（利）的背后往往藏着风险（害），贪心太强烈就会招致灾祸。不明白这个道理，就很容易因为贪心或虚荣而伤害到自己。

原文在线

立身必以名，众人①则以身殉名，故有实丧焉。窃人之财谓之盗，其始取之也，唯恐其不多也。及其败露也，唯恐其多矣。夫贿之与赃，一物而两名者，利与害故也。窃人之美谓之徼②，其始取之也，唯恐其不多也。及其败露，唯恐其多矣。夫誉与毁，一事而两名者，名与实故也。

注释

①众人：指一般人、平常人，与"圣人"相对。

②徼（jiǎo）：窃取、贪图不属于自己的名声或利益。

白话译文

立身肯定要依靠名声，但普通人为了名声不惜牺牲自己，而自身是根本，所以说有"实丧"的祸患。偷窃别人财物的人叫盗贼，盗贼偷窃的时候，总怕偷得不够多。等事情败露了，又怕偷得多会受到重罚。接受别人的财物叫"贿"，偷窃别人的财物叫"赃"，同样是财物，却有两个不同的名称，这是因为一个有利、一个有害。窃取别人美德的人叫侥幸者，侥幸者在窃取的时候，总怕偷得不够多，等事情败露了，又怕偷得多。靠自己得来的是赞誉，偷窃来的败露后就成了诋毁，同一件事，却有两个不同的名称，这是因为名声和实际情况不一样。

重点解读

这部分通过偷窃财物和窃取名声的例子，说明了"名实不符"的后果。同样是财物，没被发现时叫"贿"，被发现后就叫"赃"；同样是求名，靠自己努力得来的是"誉"，偷来的被揭穿后就成了"毁"。这告诉我们：用不正当手段得来的名利，越多越危险。

原文在线

凡言朝者，萃名之地也；市者，聚利之地也。能不以争处乎其间，虽一日九迁①，一货十倍，何害生实丧之有耶？是知争也者取利之端②也，让也者趋名之本也。利至则害生，名兴则实丧。利至名兴，而无害生实丧之患，唯有德者能之。天依地，地会③天，岂相远哉！"

注释

①一日九迁：一天之内多次升职，形容仕途顺遂。
②端：开端，根源。

白话译文

人们常说，朝廷是汇聚名声的地方，市集是聚拢利益

四、"名实"之辩

的地方。要是能以不追逐名利的心态置身朝廷或市集,哪怕一天之内多次升官,或是一件货物卖出十倍的价钱,也不会遭遇"害生实丧"的祸患。由此可见,争夺是获取利益的源头,谦让才是求得名声的根基。得到利益,祸患往往随之而来;名声大噪,实体可能受损。既能获利又能扬名,还不会有"害生实丧"的担忧,只有品德高尚的人才能做到。天依附于地,地与天相融合,天地之间哪会有遥远的距离呢!

重点解读

这部分揭示了平衡名利的关键诀窍。争抢会招致灾祸,退让反而能守住根本。真正有智慧的人既能合理地获得利益、赢得声誉,又不会被它们束缚,这需要清醒的头脑和自我控制的毅力。

思维大图解

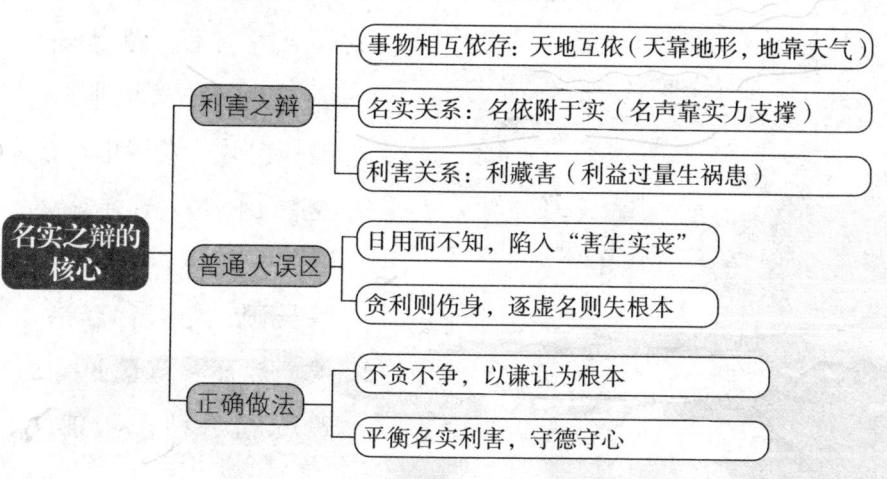

渔樵问对

以古启智

范蠡功成身退

范蠡出身楚国宛地,年少时便显露奇才,却因不愿与世俗同流合污,常装作痴狂模样,却在暗中钻研治国安邦之术。大夫文种听闻其名,认定他是栋梁之才,不顾范蠡多次回避,执意登门拜访。两人一见如故,纵论天下大势,最终范蠡经文种举荐,成为越王勾践的重要谋臣。

当时吴越争霸,越国实力尚弱,勾践却急于伐吴。范蠡极力劝阻,认为"天道忌满,强则易骄",强行出兵必招祸患。可勾践不听,结果在夫椒之战中惨败,只剩五千残兵退守会稽山。危急关头,范蠡献策:先以厚礼贿赂吴国君臣,若不成便屈身事吴以图转机。勾践听取意见,带着范蠡等人入吴为质,三年间受尽屈辱,却始终隐忍待变,最终赢得吴王信任,得以归国。

回国后,范蠡辅佐勾践"卧薪尝胆",整顿内政、发展生产,越国国力日渐强盛。数年后,越国终于击败吴国,勾践称霸诸侯。然而,范蠡见勾践称霸后神态阴郁,

四、"名实"之辩

深知其"可共患难，难同安乐"，便决心功成身退。于是，他向勾践请辞，遭拒后连夜带着家人乘船离去，隐姓埋名到了齐国。

在齐国，他化名"鸱夷子皮"，开垦荒地、经营农商，很快积累千金。齐王听闻其才，欲拜他为相，范蠡却叹道："居家则致千金，居官则至卿相，此布衣之极也，久受尊名不祥。"于是他又散尽家财，带着家人迁至陶邑，改名"陶朱公"。凭借精准的商业眼光，他再度成为富甲一方的巨贾，一生历经政治巅峰与财富巅峰，却始终能在名利关头全身而退。

范蠡用一生的选择完美诠释了如何在名与实、利与害之间找到平衡。

总结时刻

"名实"之辩的核心要义在于名声和利益如同形影相随的伙伴，常常一同出现，也可能互相牵绊。名声是建立在实际能力之上的，利益背后往往潜藏着危机，贪得无厌只会引火烧身。其实重要的是心中要有底线：清楚自己真正需要的是什么，该获取的就获取，该放弃的就放弃。不被名声所左右，不被利益所迷惑，才能活得安稳，这才是对"名实""利害"最深刻的领悟。

五、"治乱"之辩

原文在线

渔者谓樵者曰:"天下将治,则人必尚行①也;天下将乱,则人必尚言也。尚行,则笃实之风行焉;尚言,则诡谲②之风行焉。天下将治,则人必尚义也;天下将乱,则人必尚利也。尚义,则谦让之风行焉;尚利,则攘夺③之风行焉。

注释

①尚行:推崇行动。尚,推崇。

②诡谲(guǐ jué):奸诈,不诚实。

③攘夺:强取豪夺。

白话译文

渔者对樵夫说:"天下将要太平时,民众必定推崇行动;天下将要大乱时,民众必定推崇言论。推崇行动,则盛行诚实本分之风;推崇言论,则盛行奸诈之风。天下将要太平时,人民势必推崇行动;天下将要大乱时,人民必定以利益为先。推崇仁义,则盛行礼仪廉洁之风;推崇利益,则盛行纷争、抢夺之风。

五、"治乱"之辩

重点解读

这部分阐明了社会的治与乱同人们的行为风尚及价值追求密切相关。渔者的观察揭示：社会的治与乱并非凭空出现，而是由每个人的行为选择与价值取向共同塑造的——崇尚何种理念，便会滋养相应的风气，这是个人与社会互动的基本规律。

原文在线

三王①，尚行者也；五霸②，尚言者也。尚行者必入于义也，尚言者必入于利也。义利之相去，一何如是之远耶？是知言之于口，不若行之于身，行之于身，不若尽之于心。言之于口，人得而闻之，行之于身，人得而见之，尽之于心，神得而知之。人之聪明犹不可欺，况神之聪明乎？

注释

①三王：指夏禹、商汤、周武王，指在古代得到世人公认的明君。

②五霸：通常指齐桓公、晋文公、楚庄王、秦穆公、宋襄公。

白话译文

夏禹、商汤、周武王，这三个王都是将行动放在前面的人；齐桓公、宋襄公、晋文公、秦穆公和楚庄王，这五霸（另一说是指齐桓公、晋文公、楚庄王、阖闾和勾践）都是将言论放在前面的人。推崇行动势必对仁义格外看重，推崇言论势必对利益格外看重。对比仁义和利益，为什么相差甚远呢？从这里可以知道，言论比不上行动，身体上的行动比不上尽心。人们可以听见言论，可以看见身体上的行动。尽心，则会为神明所知。不能欺骗一个人的睿智，更不用说神的睿智了。

重点解读

这部分通过三王与五霸的对比，进一步深化了治乱之理。由此可见，"行"比"言"更能成就光明正大的事业，"义"与"利"之所以有天壤之别，根源在于价值观的本质不同。同时，这警示我们：评判行为的价值，不能只看表面的言语与行动，更要审视其内心是否与道义相合，这是分辨"真行"与"虚行"的核心所在。

原文在线

是知无愧于口，不若无愧于身，无愧于身，不若无愧于心。无口过①易，无身过难，无身过②易，无心过③难。既无心过，何难之有！吁，安得无心过之人，与之语心哉！"

注释

①口过：言语方面的失误，比如空谈、说谎等。
②身过：行为方面的失误，比如行动违背道义。
③心过：内心方面的失误，比如贪婪、虚伪。

白话译文

由此可以明白，在言语上没有愧疚，不如在行为上没有愧疚；在行为上没有愧疚，不如在内心没有愧疚。要做到言语没有过失并不难，要做到行为没有过失就比较困难；要做到行为没有过失还算容易，要做到内心没有过失就很困难了。如果内心都没有过失，还会有什么灾祸呢！唉！哪里能找到内心没有过失的人，与之推心置腹地畅谈呢？"

重点解读

这部分揭示出一个核心道理：外在的言语行动都是内心的体现，只有先修养内心（去除贪婪、虚伪等不好的念头），才能真正实现言行无误。对个人来说，修养内心是安身立命的根本；对社会而言，多数人能"内心无过"是太平盛世的基础。

思维大图解

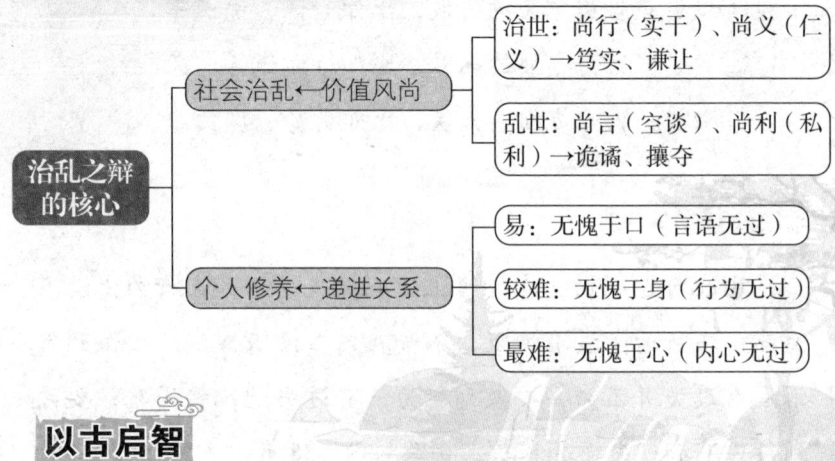

以古启智

贞观之治与隋末乱世的对比

治世与乱世的区别常常和执政者的施政措施有关。隋末赋税繁重,百姓承受不住,最后各地都爆发了起义,这正像渔者说的"尚利则攘夺起"——当政者如果一味搜刮钱财,民心离散就会像河堤溃决、河水泛滥一样,没办法阻止。

贞观时期,李世民走的是另一条路。玄武门之变后,李世民被立为太子,没多久就接受李渊的禅让登上皇位。他治理国家没有沿着隋朝灭亡的老路走,而是把历史当作镜子,将前朝失败的教训深深融入施政的纲领中。他清楚百姓是国家的根本,于是减轻徭役和赋税,让种地的人有自己的田地;赎回被外族掳走的百姓,释放宫廷里多余的宫女,让劳动力回到农田。这些举措不是空谈"以民为本",而是实实在在地为百姓解除困境。

治理好国家的关键在于具体的政策实施。更难得的是,他广泛听取不同意见,能容纳像魏征这样的正直大臣直言劝谏,从不回避不顺耳的话。

因此,贞观年间天下渐渐呈现出治世的景象:农田丰收,集市热闹,朝廷政治清明,边疆安定。所谓的"贞观之治",说到底是因为执政者明白"水可以载船,也能掀翻船"的道理——不与百姓争夺利益,百姓自然会归顺;不堵塞进言的道路,朝政自然会清明。治世和乱世的差别,其实就在于是否敬畏民心。

总结时刻

"治乱"之辩的关键在于让我们明白:每个人的抉择左右着社会的发展方向。社会走向安定是因为人们推崇踏实做事而非空洞言谈,坚守道义而非追逐私利。

对于我们而言,更关键的是修养内心,让贪婪、虚伪等"内心的过失"没有容身之地。个人内心澄澈,行事稳健,尊崇道义,社会自然会朝着有序、安稳的方向发展。

六、"观物"之辩

原文在线

渔者谓樵者曰:"子知观天地万物之道乎?"

樵者曰:"未也。愿闻其方。"

渔者曰:"夫所以谓之观物①者,非以目观之也,非观之以目,而观之以心也;非观之以心,而观之以理②也。天下之物,莫不有理焉,莫不有性③焉,莫不有命④焉。所以谓之理者,穷之而后可知也;所以谓之性者,尽之而后可知也;所以谓之命者,至之而后可知也。

注释

①观物:对事物的观察,包含方法与规律。

②理:事物内在的本质规律。

③性:事物本身固有的本性、特质。

④命:事物发展呈现的必然趋势与最终归宿。

白话译文

渔者向樵夫问道:"你是否了解观察天地间万物的方法呢?"

樵夫回答说:"我并不知晓。恳请你为我讲讲。"

六、"观物"之辩

渔者说道:"所谓的观察事物,并非是用眼睛去看事物,而是要用心去体察事物;也不是仅仅用心去体察事物,而是要依据事物的规律去探究事物。天下的万物都有它自身的规律、自身的本性、自身的发展趋势。这里所说的规律,通过研究是能够知晓的;所说的本性,深入研究透彻之后是能够知晓的;所说的发展趋势,参透其中奥秘之后是能够知晓的。"

重点解读

这部分点出"观物"的核心法门:观察事物不能只靠眼睛(目观),更要靠内心体悟(心观),最终需遵循事物规律(理观)。这告诉我们:看待事物不能局限于表面,要从感官进阶到内心,再到把握本质规律,这是认识世界的基础步骤。

原文在线

此三知也,天下之真知也,虽圣人无以过之也。而过之者,非所以谓之圣人也。夫鉴之所以能为明者,谓其能不隐万物之形也。虽然鉴之能不隐万物之形,未若水之能一万物之形①也。虽然水之能一万物之形,又未若圣人之能一万物情②也。圣人之所以能一万物之情者,谓其圣人之能反观也。所以谓之反观者,不以我观物也。不以我观物者,以物观物之谓也。

注释

①一万物之形:使万物的形态呈现统一。

②一万物情:统一万物的情实、本质,指圣人能洞察万物的共同本质。

白话译文

这三种认知才是天下真正的知识,即便是圣人也无法超越。如果超出了这三种认知,也就不能称为圣人。镜子之所以能清楚地映照万物,是因为它不会遮掩万物的形态。虽说镜子不会遮掩万物的形态,却比不上水能化作万物的形态;虽说水能化作万物的形态,又比不上圣人能模仿万物的性情。圣人之所以能模仿万物的性情,是因为圣人能够反过来审视万物。所谓反过来审视万物,就是不从"我"的角度去观察事物。不是从"我"的角度去观察事物,而是从事物自身的角度去观察事物。

重点解读

这部分阐述了"真知"的内涵与观物的进阶方法。从"镜子""水""圣人"的对照可以发现:镜子映照事物却不会有任何改变,水会随事物形态而变化却无法触及本质,唯有圣人通过"反观"能够跳出自我的视角,抓住万物共通的本质。这启示我们:观察事物的关键在于打破"自我"的束缚，从事情本身去探寻理解，这样才能触及深层的规律。

原文在线

又安有我于其间哉？是知我亦人也，人亦我也。我与人皆物也。此所以能用天下之目为己之目①，其目无所不观矣。用天下之耳为己之耳，其耳无所不听矣。用天下之口为己之口，其口无所不言矣。用天下之心为己之心，其心无所不谋矣。天下之观，其于见也，不亦广乎？天下之听，其于闻也，不亦远乎？天下之言，其于论也，不亦高乎？天下之谋，其于乐也，不亦大乎？夫其见至广，其闻至远，其论至高，其乐至大，能为至广、至远、至高、至大之事，而中无一为②焉，岂不谓至神至圣者乎？非唯吾谓之至神至圣者乎，而天下谓之至神至圣者乎。非唯一时之天下谓之至神至圣者乎，而千万世之天下谓之至神圣者乎。过此以往，未之或知也已。"

注释

①用天下之目为己之目：以天下人的眼睛当作自己的眼睛，意即摆脱个人视角的局限。

②中无一为焉：其中不存在丝毫主观人为的成分。中，指其中；为，指主观的作为。

白话译文

（如果从物的角度去观察物，那么在观物的过程中，）又怎会有"我"的存在呢？由此可知，我即他人，他人即我，我与他人皆为物。唯有如此，才能以天下人的目为我目，则无所不见；以天下人的耳为我耳，则无所不闻；以天下人的口为我口，则无所不言；以天下人的心为我心，则无所不谋。以这种方式观天下，其所见是何等广阔，其所闻是何等悠远，其所论是何等高深，其所谋是何等宏大。能达到至广、至远、至高、至大的境界，且全然出于自然，没有丝毫人为刻意的因素，这难道不可以称之为至神至圣吗？不仅我称之为至神至圣，天下人皆称之为至神至圣；不仅当下的天下人称之为至神至圣，千万世之后的天下人皆称之为至神至圣。古往今来，皆是如此。

重点解读

这部分揭示了"观物"的最高境界：当真正做到"以物观物"，"自我"的偏颇之见便会消散，进而做到所见宽广、所闻辽远、所论精深、所谋宏大。它让我们明白：认知的顶峰是超越"我"的狭隘，融入更辽阔的视野，这正是"至神至圣"的根本——并非无所不能，而是能放下自我，与世界同频共情、一同认知。

六、"观物"之辩

思维大图解

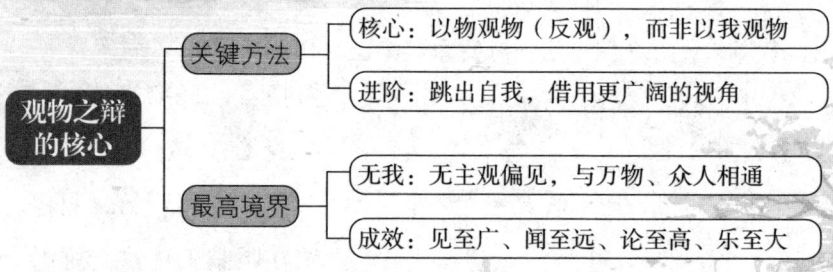

- 观物之辩的核心
  - 关键方法
    - 核心：以物观物（反观），而非以我观物
    - 进阶：跳出自我，借用更广阔的视角
  - 最高境界
    - 无我：无主观偏见，与万物、众人相通
    - 成效：见至广、闻至远、论至高、乐至大

以古启智

王阳明"格竹"与观物之悟

早年，王阳明对朱熹的学说深信不疑。他曾拜会儒者娄谅，听闻其讲解"格物致知"，得知朱熹认为"物有表里精粗，一草一木皆具至理"。于是，他以庭院中的竹子为对象，潜心"格物"。他日夜对着竹子冥思苦想，欲从中悟透"理"的究竟，执着地持续了七天七夜，不仅未能"致知"，反而大病一场。这次经历，让他对朱熹的学说首次生出了疑问。

明武宗正德元年，王阳明因反对宦官刘瑾，遭廷杖四十，被贬至贵州龙场任驿丞。途中，刘瑾还派人追杀，他凭借机智才得以脱险。龙场地处西南山区，偏远荒凉，物产匮乏，与苗、僚部族杂居，生活条件极为艰苦。正是这样宁静而困顿的环境，让他得以沉下心来，结合过往的人生际遇日夜反省。

十五年前格竹的困惑，此刻在心中反复盘桓。一天半

夜,王阳明忽然对《大学》的主旨有了全新的领悟:"天下之物本无可格者,格物之功,只在身心上做。"他终于明白,当年观竹,只停留在眼睛的注视与强行的思索,却未曾从竹子的生长规律、本性及趋势去理解,更被"我要悟理"的执念所束缚,陷入了"以我观物"的误区。

经历了这场"龙场悟道",王阳明提出了"心即理"的命题——人的内心本就包含着世界运行的规则,圣人的光明品质即良知,人人皆有,此前向外物寻求良知的做法实为谬误。此后,他观物不再执着于"我见",而是从物本身出发:见花便知其有自开自落之理,见百姓便知其有生息之性。这便是"以物观物"的真谛,万物的理、性、命不在"我"的执念中,而在与"我"的互动里。

总结时刻

在生活里,与人发生争执时,少去想"我对他错",多去观察"他为什么会这样";遇到困境时,不被困在"我怎么这么艰难"的思绪里,多去思考"这件事有什么规律"。

七、"人天"之辩

原文在线

樵者问渔者曰:"子以何道而得鱼?"

曰:"吾以六物①具而得鱼。"

曰:"六物具也,岂由天乎?"

曰:"具六物而得鱼者,人也。具六物而所以得鱼者②,非人也③。"

注释

①六物:指钓鱼所需的六种工具,即竿、纶、浮、沉、钩、饵。

②所以得鱼者:能够钓到鱼的原因。

③非人也:不是人的原因,指由天意决定。

白话译文

樵夫问渔夫:"你靠什么法子能钓到鱼?"

渔夫答道:"我用六种器具来钓鱼。"

樵夫又问:"备齐这六样东西就钓到了鱼,这难道是上天安排好的吗?"

渔夫说:"六样器具齐备而能钓上鱼,是人的力量做到的。

渔樵问对

但六样器具齐备便能钓到鱼的缘由,却不是人力能左右的。"

重点解读

这部分通过渔者与樵者的对话,点明"人天之分"的核心。渔者的话让我们明白:先尽力做好自己能做的(尽人事),再坦然接受最终的结果(听天命),这是看待人与天道关系的开端。

原文在线

樵者未达①,请问其方②。

渔者曰:"六物者,竿也,纶也,浮也,沉③也,钩也,饵也。一不具,则鱼不可得。然而六物具而不得鱼者,非人也。六物具而不得鱼者有焉,未有六物不具而得鱼者也。是知具六物者,人也。得鱼与不得鱼,天也。六物不具而不得鱼者,非天也,人也。"

注释

①达,通晓,理解。未达,指不明白。
②方:道理,方法。
③沉:指鱼坠。

白话译文

樵夫听不明白,请渔夫指出其中的道理。

七、"人天"之辩

渔夫说:"所谓六物,就是鱼竿、鱼线、鱼漂、鱼坠、鱼钩、鱼饵。这六样中只要有一样没准备好,就钓不上鱼。但要是六样都齐备了还是钓不上鱼,那就不是人的问题。六样物品都备齐却钓不到鱼,这种情况是有的,六样物品没备齐却能钓到鱼,这种情况是不会有的。所以说,备齐六物,是人事。最终能不能钓上鱼,是天意。六样物品没备齐而钓不到鱼,这不是天意造成的,而是人的原因。"

重点解读

在这部分,渔者详细说明了"六物"是钓鱼的根本,并着重指出:"六物不齐备必定钓不到鱼",这是人的力量不够;"六物齐备却钓不到鱼",那就是天意。这告诉我们:"尽人事"是首要的,先做好该做的准备,再平静地接受结果,这是人与天道相处应有的基本姿态。

原文在线

樵者曰:"人有祷鬼神而求福者,福可祷而求耶?求之而可得耶?敢问其所以。"

曰:"语善恶者,人也;福祸者,天也。天道福善而祸淫①,鬼神岂能违天乎?自作之咎,固难逃已。天降之灾,禳②之奚益?修德积善,君子常分。安有余事于其间哉!"

注释

①天道福善而祸淫：上天的规则是给行善的人带来福泽，给行恶的人施加祸患。"淫"，指的是邪恶、放纵的行为。

②禳（ráng）：通过祈祷来消除灾祸。

白话译文

樵夫问："人向鬼神祈祷来祈求福分，福分能通过祈祷求得吗？祈祷了就能得到吗？请说说这里面的道理。"

渔夫回答："谈论善与恶的是人，降下福与祸的是天。上天的法则，是保佑善良的人，惩罚邪恶的人，鬼神难道能违背天道吗？自己造下罪孽引发的灾祸，本来就难以逃避；上天降下的灾祸，祈祷消除又有什么用处？修养品德、积累善行，是君子的本分。哪里还有其他什么事值得去做呢？"

重点解读

在这部分，樵者问"祈祷能否得福"，渔者给出了明确答复：福分与灾祸由上天主宰，即便是鬼神也无法违背天道。这告诉我们：与其抱怨"运气不好"，不如反省自己是否待人友善。

原文在线

樵者曰："有为善而遇祸，有为恶而获福者，何也？"

渔者曰："有幸与不幸也。幸不幸，命①也；当不当，份②也。一命一份，人其逃乎？"

注释

①命：这里指那些超出人力掌控范围的客观遭遇。

②份（fèn）：与"分"相通，意思是一个人理应承担的本分和职责。

白话译文

樵夫问道："有的人做了善事却碰上灾祸，有的人做了恶事最终也得到了福运，这是什么缘故呢？"

渔夫回答说："这是因为有人运气好，有人运气不好。运气好坏，属于命中注定的事。能否遇上合适的机遇，这关乎人应有的本分。命中注定的事和应有的本分，人又怎么能逃得掉呢？"

重点解读

在这部分，樵者困惑"行善遇祸、作恶得福"的原因，渔者用"幸与不幸"来解答：运气的好坏属于"命"（人力难以掌控），行为是否合乎本分则是"份"（自己可以把握）。这告诉我们：不必纠结"命"带来的不公，先把"份"内的事做好，这是面对顺境与逆境时应有的清醒态度。

原文在线

曰："何谓份？何谓命？"

渔樵问对

> 曰:"小人之遇福,非份①也,有命也;当祸②,份也,非命也。君子之遇祸,非份也,有命也;当福,份也,非命也。"

注释

①非份:意思是与自身应有的本分不相符。
②当祸:指因为行为违背了本分,理应遭遇灾祸。

白话译文

樵夫问:"什么是份?什么是命呢?"

渔夫回答:"小人得到福运,这并非他应有的本分,而是他具有的命;小人理应遭遇灾祸,这是他的本分,并非由命决定。君子遭遇灾祸,这不是他的本分,而是他具有的命;君子理应获得福佑,这是他的本分,并非由命决定。"

重点解读

在这部分,渔者对"份"与"命"做出了更清晰的划分:小人得到福运,是"命",遭遇灾祸则是"份";君子遭遇灾祸,是"命",获得福运则是"份"。这提醒我们:坚守本分,修养品德、一心向善,"份"所应有的福运终究会降临。

七、"人天"之辩

思维大图解

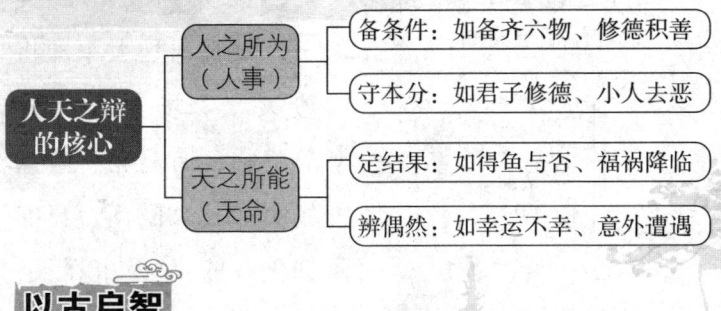

以古启智

诸葛亮的"人天"之思

诸葛亮与刘备之间既是君臣,更是志同道合的知己。二人都以"兴复汉室"为毕生的宗旨,这份共同的信念让诸葛亮甘愿追随刘备,倾尽才学,一步步向着那个终极目标迈进。

诸葛亮统率三军,于军帐中运筹帷幄,总能在谈笑间定下破敌之策。他率军南征北战,攻无不克,战无不胜,最终辅佐刘备在蜀地建立政权,形成三分天下的格局。为了壮大蜀国的力量,实现最终梦想,诸葛亮殚精竭虑,一心为讨伐曹魏做准备。

可世事难料,刘备为报私仇,执意与孙权开战,最终兵败夷陵,让蜀国元气大伤。无奈之下,诸葛亮只能将攻伐曹魏的计划暂且搁置。岁月不等人,眼看自己日渐衰老,他深知若再不出兵,"兴复汉室"的志愿恐怕会成为泡影。他明知道此时蜀国的国力不足以战胜曹魏,但还是毅然决定北伐。

渔樵问对

一次,他设下妙计,欲火烧司马懿父子,眼看司马大军即将覆灭,一场大雨却骤然降临,诸葛亮望着这场突如其来的雨,只能仰天长叹:"谋事在人,成事在天!"

这背后藏着深刻的"人天"之辩。事情的成败,从来由可预知与不可预知的因素共同推动。所谓"尽人事",便是将那些能掌控的因素调理到最优;"听天命",则是坦然面对人力不及的变数。但这绝非屈从命运,反而是在积极抗争中寻找转机。

总结时刻

"人天"之辩的智慧其实就是"尽人事,听天命"。不必纠结"命"的不公,关键是做好"份"内的事,天道从来不会亏待"尽人事"的人。做好自己该做的,其余的交由时间,这便是对"人天关系"最明智的把握。

八、"义利"之辩

原文在线

渔者谓樵者曰:"人之所谓亲,莫如父子也;人之所谓疏,莫如路人也。利害在心①,则父子过路人远矣。父子之道,天性也。利害犹或夺之②,况非天性者乎?夫利害之移人,如是之深也,可不慎乎?路人之相逢则过之,固无相害之心焉,无利害在前故也。

注释

①利害在心:心里总想着利益和损害,也就是被利害得失所影响。

②夺之:改变这种关系,指父子天性的亲情。夺,改变,使丧失。

白话译文

渔夫对樵夫说:"人与人之间的亲情,没有比父子关系更亲近的;人与人之间的疏远,没有比路人关系更疏远的。如果心里存着利害计较,父子之间也会变得像路人般疏远。父子相亲,本是天性如此。即便这样,利害之心尚且能破坏这份亲情,更何况那些本就不是出于天性的情感呢?利害能把人改变到这般地步,怎能不谨慎对待?路人相遇,擦肩而过,原本没有互相伤害的心思,这是因为他们之间没有利害冲突哇。"

重点解读

> 这部分通过对比"父子之亲"与"路人之疏",道出了利害对人际关系的深切影响。这就告诉我们:生活中不少亲情、友情走向破裂,常常是因为对"利益"的过分算计。面对利益时,我们更该保持清醒,别让算计冲淡了原本纯粹的情感。

原文在线

> 有利害在前,则路人与父子,又奚择焉①?路人之能相交以义,又何况父子之亲乎?夫义者,让之本也;利者,争之端也。让则有仁,争则有害。仁与害,何相去之远也!尧、舜亦人也。桀、纣亦人也,人与人同而仁与害异尔,仁因义而起,害因利而生。利不以义,则臣弑其君者有焉,子弑其父者有焉。岂若路人之相逢,一目而交袂于中逵②者哉!"

注释

①奚择焉:有什么不一样呢?奚,疑问代词,表"什么";择,在这里指区别,分辨。

②交袂于中逵:在路口处衣袖相接,这里指路人因利害冲突而形成对立。中逵,即路口。

白话译文

如果存在利害方面的冲突,那么路人与父子之间又有什么可选择呢?路人尚且能凭借道义交往,更何况是有着亲密关系的父子呢!所谓的道义,是谦让的根本。利益,是争夺的开端。懂得谦让就会有仁义,发生争夺就会有危害,为什么仁义与危害之间的差别会这么大呢!尧、舜是人,桀、纣也是人,同样都是人,在仁义与危害方面的表现却不一样。仁是由义产生的,害是由利滋生的,追求利益却不顾道义,就会出现臣子杀害君主、子女杀害父亲这样穷凶极恶的事,就好像路人在路上相逢,因一言不合就在路上拼个你死我活一样啊!"

重点解读

这部分表明:一旦利害摆在面前,即便是父子,也可能变得像路人那样疏远;相反,路人之间也能凭借道义交往。这就告诉我们:在工作场合、合作过程中,如果只追求利益而抛弃道义,轻则关系失和,重则引发祸患,只有用道义来制约利益,才能守住人际关系的底线。

思维大图解

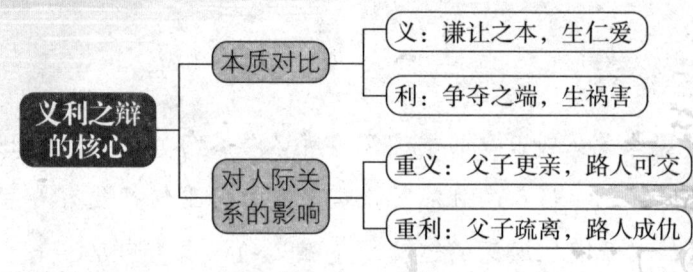

以古启智

管宁割席,明辨义利

东汉末年,管宁与华歆曾是同窗挚友,两人常一同读书,情谊深厚。

一日,两人在菜园锄地,锄尖碰到一块金子。管宁看都未多看一眼,挥锄便将其拨开,仿佛那只是块寻常的瓦石;华歆却弯腰捡起,在手中端详片刻才不情不愿地放下。管宁看在眼里,心中已有了计较。

又有一次,两人同席读书,门外忽然传来车马喧嚣之声,原是达官显贵路过。管宁依旧伏案苦读,丝毫不受干扰;华歆却按捺不住,放下书卷跑出去围观,回来后还对那车马的排场啧啧称奇。

见此情景,管宁默默拿起刀,将两人同坐的席子割成两半,平静地说:"你不是我的朋友。"在他看来,君子当明辨义利,见利不忘义方为正道,华歆这般见利动心、为外物所扰,与自己早已道不同。

> 管宁,我不过就是驻足围观了一会儿,何至于断交呢?

> 我认为君子当明辨义利,见利不忘义方为正道,你早就跟我不同道了。

后来,华歆入仕后依附权贵,虽官至司徒,却因趋炎附势、扶助曹丕篡汉而遭后世非议,成了人们口中的"小人之儒";管宁则始终坚守道义,多次拒绝曹魏的征召,隐居讲学,以德行闻名天下,被后人赞为"清节高风"的典范。

两人的人生分水岭,恰如渔者所言:"仁因义而起,害因利而生"。面对义与利的抉择,不同的选择终究造就了截然不同的人生格局。

总结时刻

义与利并非非此即彼,而是成年人立身的坐标。父子亲情会因逐利疏远,路人交往能因守义相安,可见"义"是关系黏合剂,"利"是人心试金石。守住"义"的底线,如此方能在利益交织中不失本心,于复杂关系中行稳致远。

九、"力分"之辩

原文在线

樵者谓渔者曰:"吾尝负薪矣,举百斤而无伤吾之身,加十斤则遂伤吾之身,敢问何故?"

渔者曰:"樵则吾不知之矣。以吾之事观之,则易地皆然①。吾尝钓而得大鱼,与吾交战。欲弃之,则不能舍,欲取之,则未能胜。终日而后获,几有没溺②之患矣。非直有身伤之患耶?鱼与薪则异也,其贪而为伤则一也。百斤,力分③之内者也,十斤,力分之外者也。力分之外,虽一毫犹且为害,而况十斤乎!吾之贪鱼亦何以异子之贪薪乎!"

樵者叹曰:"吾而今而后,知量力而动者,智矣哉!"

注释

①易地皆然:换个地方、换种情景也是这样。易,是更换的意思;皆然,表示都是如此。

②没溺:像沉入水中溺水那样,指有溺水身亡的危险。

③力分:指能力所及的限度、范围。分,有本分、界限的含义。

九、"力分"之辩

白话译文

樵夫问渔夫:"我常常扛柴,扛一百斤也伤不到我,再多加十斤就会受伤,请问这是什么缘故呢?"

渔夫回答:"我不知道打柴的事。拿我钓鱼的事来说,其中的道理是一样的。有一次我钓鱼,一条大鱼上钩了,和我较劲。我想放弃,却又舍不得;想把大鱼拉上来,力气又不够。最后,我和大鱼僵持了一整天,才把它捉住。为了这条大鱼,我差点儿就沉到水里淹死了。那不仅仅是身体受伤的灾祸,难道没有丧命的危险吗?钓鱼和打柴虽然不同,但因为贪心而受伤却是一样的。一百斤,是你能力能承受的,再加上十斤,就超出了你能承受的重量。超出能力范围之外,哪怕多一点点儿都是有害的,何况是十斤呢!我贪求大鱼,你贪求重柴,在贪心这一点上,我们之间又有什么差别呢!"

樵夫感慨道:"从今往后,根据自己的能力行事,那才是明智的做法呀!"

重点解读

这部分借樵夫扛柴与渔夫钓大鱼的寻常场景,讲透了"力分"的实质:每个人的能力都有清晰的界限,在界限内行事能保证平安,越出界限就一定会招来伤害。

对于成年人来说,这很像现实中的"过度透支"——职场上勉强承接超出能力的项目,生活中背负

> 远超负荷的欲望，表面看是在"争取"，实际上是在"消耗"。只有认清"力分"并依据自身能力行事，才是成年人最应有的清醒。

思维大图解

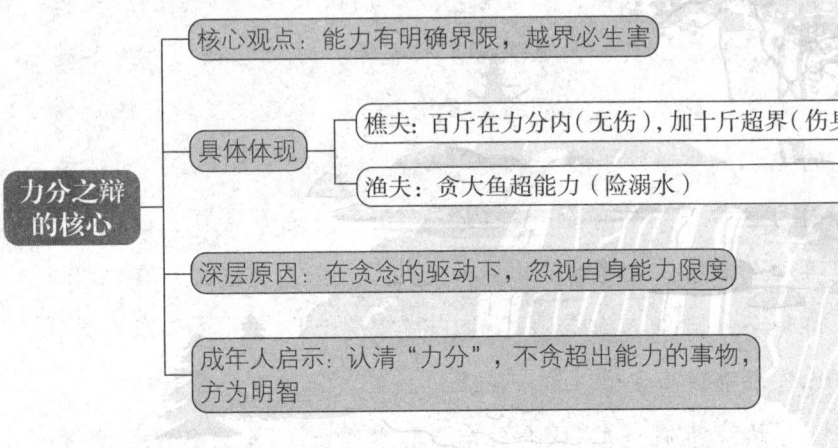

以古启智

曹刿论战，量势而动

春秋时期，鲁庄公十年春天，齐国军队大举进攻鲁国，鲁庄公决意迎战。消息传开后，曹刿主动求见庄公。

"君王凭什么与齐国交战？"曹刿开门见山地问道。庄公答道："衣食之类的养生之物，我从不独自享用，总会分给百姓。"曹刿摇头："这些小恩小惠惠及不了所有百姓，他

九、"力分"之辩

们未必会为您效力。"庄公又说:"祭祀用的牲畜、玉器等,我从不敢虚报,必定如实禀告神灵。"曹刿仍不认可:"这般小信不足以取信于神,神灵不会庇佑。"直到庄公提及"大小诉讼案件,即便不能一一明察,也必定依情理裁决",曹刿才点头:"这是尽心履职的表现,凭此可战。届时请让我随军同行。"

两军在长勺相遇,鲁庄公与曹刿同乘一车。齐军刚擂响第一通战鼓时,庄公便要下令击鼓反击,曹刿阻止他:"不可。"待齐军接连擂完三通战鼓后,曹刿才道:"可以了。"鲁军鼓声骤起,士兵们士气高昂,一举击溃齐军。庄公见状,立刻要下令追击,曹刿再次阻止:"不行。"他跳下车,仔细察看齐军撤退时车轮碾出的混乱痕迹,又登车眺望远方倒下的齐军军旗,这才说:"可以追击了。"

战后,鲁庄公向曹刿请教其中缘由。曹刿解释:"作战靠的是士气。齐军一鼓作气,二鼓士气渐衰,三鼓便已枯竭。此时我军士气正盛,自然能取胜。

齐国是大国,难

保没有埋伏。见他们车辙混乱、军旗倒伏，确是真的溃败，才敢下令追击。"

曹刿的智慧正在于"量势而动"。他不贪速胜之利，先审度己方是否具备开战的根基——民心向背；再观察敌军虚实——士气盛衰与真实战况，待己方能力与作战时机完美契合时才果断行动。若当时盲从庄公的急躁，或贪图速战之名，恐怕难有长勺之战的胜利。这种审时度势的清醒，正是制胜的关键。

总结时刻

"力分"之辩说到底是成年人对自身能力的坦诚认知。每个人的"力分"就像一个水桶，容量是固定的，硬要多装，就会泼洒出来。

在成年人的世界中，"能承担多少"比"想拥有多少"更关键。看清"力分"的边界，在限度内扎实前行，才能躲开不必要的损耗，让每一份努力都有切实的回报，这便是"量力而行"的本质。

十、"易理"之辩

原文在线

樵者谓渔者曰:"子可谓知《易》之道矣。吾也问:《易》有太极①,太极何物也?"

曰:"无为之本也。"

曰:"太极生两仪②,两仪,天地之谓乎?"

曰:"两仪,天地之祖也,非止为天地而已也。太极分而为二,先得一为一,后得一为二。一二谓两仪。"

注释

①太极:《周易》中的核心概念,指宇宙万物的本源。

②两仪:太极分化出的两种基本元素,是时间万物的起始源头。

白话译文

樵夫问:"你可以说是通晓《周易》的道理了。请问:《周易》中说有太极,太极是什么东西呢?"

渔夫回答:"它是'无为'的根本。"

樵夫问:"太极生出两仪,两仪指的是天和地吗?"

渔樵问对

渔夫回答:"两仪是天地的开端,并不单单指天地。太极分化成两个部分,先分化出一个,称为'一',后来又分化出一个,称为'二'。'一'和'二'合在一起就是两仪。"

重点解读

> 这部分围绕《周易》的核心概念"太极"展开,点明太极是宇宙万物的本源,其本质是"无为"(自然本然)。太极分化出的"两仪"并非简单指天地,而是更根本的演化起点。这启示我们:看待事物要追溯根本,任何复杂现象都有其最初的"太极"(本质),抓住本源,才能理解后续的演化规律。

原文在线

> 曰:"两仪生四象①,四象何物也?"
> 曰:"大象谓阴阳②刚柔③。有阴阳然后可以生天,有刚柔然后可以生地。立功之本,于斯为极。"

注释

①四象:是两仪进一步演化而成的,指的是阴阳与刚柔。

②阴阳:是宇宙间既相互对立又相互依存的两种基本属性(比如白天与黑夜、寒冷与炎热)。

③刚柔:是事物的两种性质(比如刚健和柔顺),常被用来描述大地的特性。

十、"易理"之辩

白话译文

樵夫问:"两仪生出四象,四象是什么呢?"

渔夫回答:"四象,说的是阴阳和刚柔。有了阴阳,之后才能生成天;有了刚柔,之后才能生成地。这是成就事业的根本,而且是最核心的根本。"

重点解读

这部分解释"四象"是阴阳与刚柔,是天与地形成的基础:阴阳推动天的运行,刚柔构成地的特质。对于成年人而言,这意味着做任何事都需兼顾"动态规律"(如时机、趋势)与"静态基础"(如能力、资源),二者相辅相成才是成事的根本。

原文在线

曰:"四象生八卦①,八卦何谓也?"

曰:"谓乾、坤、离、坎、兑、艮、震、巽之谓也。迭相盛衰②终始于其间矣。因而重之,则六十四卦由是而生也,而《易》之道始备矣。"

注释

①八卦:包括乾、坤、离、坎、兑、艮、震、巽八个基本卦象,是天地万物的象征。

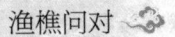

②迭相盛衰：指八卦循环变化中，兴盛与衰败交替出现。

白话译文

樵夫问："四象生出八卦，八卦是什么呢？"

渔夫回答："八卦指的是乾、坤、离、坎、兑、艮、震、巽这八个卦。它们有兴盛有衰败，有终结有开端，这个兴盛了那个就衰败，这个终结了那个就开端，循环不止。将八卦与八卦相互重叠，一共有六十四种重叠形式，六十四卦由此产生。到这时，《周易》的道理才算完备。"

重点解读

这部分阐述了八卦是四象的进一步细化，象征万物的不同状态（如乾为天、坤为地），其"迭相盛衰"体现循环变化的规律；八卦重叠成六十四卦，使易理更完备。这就像成年人的生活：从"工作""家庭"等大分类（八卦），到具体的"职场竞争""亲子矛盾"等细分场景（六十四卦），变化虽复杂，却有循环往复的规律可循。只有理解这种变化，才能应对生活的多样挑战。

原文在线

樵者问渔者曰："复①何以见天地之心②乎？"

曰："先阳已尽，后阳始生，则天地始生之际。中则当日月始周之际，末则当星辰始终之际。万物死生，寒

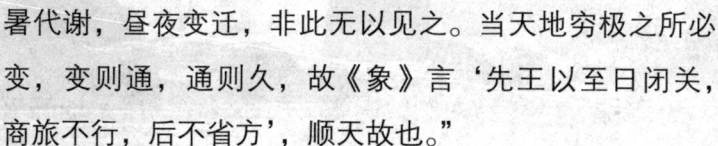

暑代谢，昼夜变迁，非此无以见之。当天地穷极之所必变，变则通，通则久，故《象》言'先王以至日闭关，商旅不行，后不省方'，顺天故也。"

注释

①复：即复卦，是《周易》中的一个卦象，象征阳气回归，代表着循环的起始。

②天地之心：指天地运行的核心法则，这里具体指循环往复的规律。

白话译文

樵夫问渔夫："从复卦能够看出天地循环往复的规律，这是为什么呢？"

渔夫回答："过去的阳气已经耗尽，新的阳气开始萌生，这是天地初始的时刻。循环到中途，是日月开始运行的时刻，循环到末尾，是星辰开始终结的时刻。万物的生死、寒暑的交替、昼夜的更换，如果没有天地循环往复的规律，就无法显现出来。当天地间的阴、阳二气发展到极致时，就必定会产生变化，有变化就能通畅，通畅了就能长久，所以复卦的《象辞》说'古代的君王在冬至这天关闭关口，商人不做买卖，旅客不出行，君主不外出巡视各地'，这是因为要顺应天时的缘故。"

渔樵问对

重点解读

这部分以复卦为例,说明"循环变化"是天地的核心规律:阳气尽则生,万物死则荣,如同冬尽春来。对于成年人而言,这意味着低谷时不必焦虑(如阳气将生),高峰时需知收敛(如盛极必衰),顺应循环,才能在变化中站稳脚跟。

原文在线

樵者谓渔者曰:"无妄①,灾也。敢问何故?"

曰:"妄则欺他,得之必有祸,斯有妄也,顺天而动,有祸及者,非祸也,灾也。犹农有思丰而不勤稼穑②者,其荒也,不亦祸乎?农有勤稼穑而复败诸水旱者,其荒也,不亦灾乎?故《象》言'先王以茂对时育万物',贵不妄也。"

注释

①无妄:无妄卦,象征"不虚妄、守正道",反之则有灾祸。
②稼穑:耕种与收获,代指农业劳动。

白话译文

樵夫问:"从无妄卦可以看到灾祸。请问这是什么原因呢?"

十、"易理"之辩

渔夫答:"虚妄就是欺骗,一旦有了这样的行为,必然会招来祸患。顺应天道行事,却仍有灾祸降临,那不是人为造成的祸患,而是自然发生的灾害。就像农夫希望丰收却不勤勉耕种,最终田地荒芜,这不就是人为的祸患吗?农夫勤恳耕种,却因水灾旱灾导致收成失败,田地荒芜,这不就是自然的灾害吗?所以《象辞》说'古代的君王凭借勉力顺应时节来培育万物',这是看重不存虚妄啊。"

重点解读

这部分借无妄卦区分"祸"与"灾":因虚妄(如偷懒、欺骗)招致的损失是"祸",非人力可控的意外(如水旱)是"灾"。《象辞》强调"不妄",即脚踏实地。对于成年人而言,这是重要的处世准则:职场失误若因敷衍(妄),需反思自身;若因突发变故(灾),则坦然应对。守住"不妄"的底线,才能减少可避免的祸患。

原文在线

樵者问曰:"姤①,何也?"

曰:"姤,遇也。柔遇刚也,与夬②正反。夬始逼壮,姤始遇壮,阴始遇阳,故称姤焉。观其姤,天地之心,亦可见矣。圣人以德化及此,罔有不昌。故《象》言'施命诰四方',履霜之慎,其在此也。"

注释

①姤（gòu）：姤卦，象征相遇，特指柔与刚、阴与阳相遇。

②夬（guài）：夬卦，与姤卦相反，象征刚决柔。

白话译文

樵夫问："姤卦讲什么？"

渔夫回答："姤就是相遇的意思。姤卦是一个阴柔遇见五个阳刚，这和夬卦正好相反，因为夬卦是一个阴柔逼迫五个阳刚。夬卦是柔弱的去逼迫强壮的，姤卦是柔弱的去遇见强壮的。姤卦中一个阴与五个阳相遇，所以称为姤卦。观察姤卦，也能看出天地运行的规律。如果圣人的德行能感化天地，就没有什么事物不能兴盛了。所以姤卦的《象辞》说'君主施行政令，布告四方'，从姤卦来看，就要像踩到霜时那样，小心谨慎地行事。"

重点解读

这部分解析姤卦是"柔遇刚"，提醒人们在面对强弱相遇时需谨慎，如同弱小者遇见强者，既要把握机会，又要防患于未然。对于成年人而言，这像合作中的强弱关系：自身弱势时，既要借势发展，又要守住底线；自身强势时，不可轻慢弱小，懂得"相遇"的分寸，才能避免冲突，促成共赢。

十、"易理"之辩

原文在线

渔者谓樵者曰:"春为阳始,夏为阳极,秋为阴始,冬为阴极。阳始则温,阳极则热;阴始则凉,阴极则寒。温则生物,热则长物,凉则收物,寒则杀物①。皆一气别而为四焉。其生万物也亦然。"

注释

①杀物:使万物肃杀,指冬天万物休眠。

白话译文

渔夫接着说:"春天是阳气刚刚兴起的时候,夏天是阳气最为旺盛的时候,秋天是阴气开始出现的时候,冬天是阴气最为旺盛的时候。阳气初起,天气就变得温和;阳气极盛,天气就变得炎热;阴气初生,天气就变得凉爽;阴气极盛,天气就变得寒冷。天气温和,万物就开始萌发;天气炎热,万物就得以滋长;天气凉爽,万物就趋于收敛;天气寒冷,万物就进入肃杀。原本是同一种气,却分成了四种状态。因此,气使万物生息、肃杀的过程,也相应地分为生长、成长、收敛、肃杀这四个阶段。"

重点解读

这部分以四季变化为例,说明阳气从始到极、阴气从始到极的循环,对应万物"生、长、收、杀"的规律,本质是"一气分四"（同一本源的不同阶段）。这就像成年人的人生阶段：青年如春（生发），中年如夏（鼎盛），老年如秋（收敛），每个阶段有其使命，不可逾越。理解这种"阶段规律"，才能在合适的时期做合适的事，不逆势而为。

思维大图解

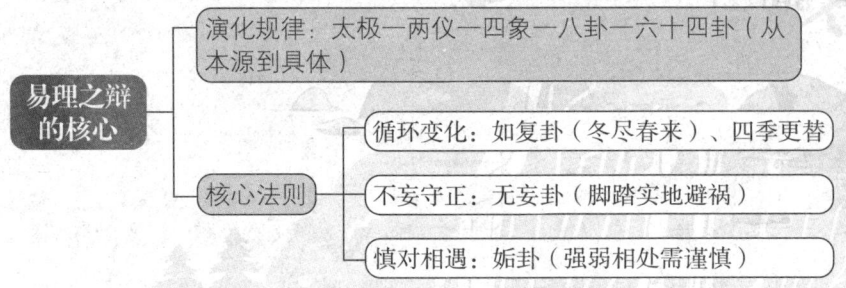

以古启智

范仲淹治水之道

范仲淹的一生始终贯穿着"先天下之忧而忧"的义理担当，这份担当在他的治水事业中尤为鲜明。

天禧五年，范仲淹任泰州西溪盐仓监时，见海潮倒灌淹没了大片田产，百姓流离失所，便上书朝廷建议修筑海堤。在张纶的支持下，范仲淹征调四万民众，历时四年修成两百里捍海堰，百姓感念其功，称之为"范公堤"。这份担当源于

十、"易理"之辩

他对民生疾苦的切肤之痛。

明道二年,江淮遭遇大旱并暴发蝗灾,宋仁宗起初对此颇为漠视。范仲淹直言质问:"若宫中断食半日,陛下该当如何?"一番话促使朝廷派他前往赈灾。他到任后开仓放粮救济灾民,还带回灾民用以充饥的野草,以此警示权贵戒除骄奢之风,凭借义正词严唤醒朝堂对民生的关注。

景祐元年,范仲淹任苏州知州时,太湖遭遇特大水灾。他还没来得及卸下行装便即刻勘察灾情,途中遇一位老翁感叹"湖广而无利道",他顿时醒悟:太湖水患的根源在于泄洪通道淤塞。经过实地考察,他提出了"修围、浚河、置闸,三者如鼎足"的治水方针。

面对"江水已高""潮至难泄"等非议,范仲淹据理力争:水有善下的本性,只要疏通河道便可入海;退潮时间长于涨潮,泄洪量自然多于壅积量;设置水闸既能抵御海潮、防止泥沙淤积,又可在旱时灌溉、涝时排洪。针对"劳民费财"的说法,他算了一笔明账:治水后可节省救灾款项、增

加赋税收入，长远收益远胜当下支出。他还提出以工代赈之法，让灾民通过务工获得粮食度日。

范仲淹治水，从不空谈义理，而是以实地勘察为依据，以民生福祉为归宿，在每一次论证与实践中，都彰显着"义在利民"的根本。这正是义理之辩的核心：义不在空谈，而在躬身践行的民生实事之中。

总结时刻

> 易理的核心，是教我们在复杂世界中找到规律。成年人的生活看似纷繁，实则跳不出"规律"二字：事业有兴衰循环，不可贪盛忘衰；人际有相遇之道，不可恃强凌弱；人生有阶段使命，不可逾越妄为。读懂易理，是学会在规律中找方向，在变化中守根本。

十一、"人物"之辩

原文在线

樵者问渔者曰:"人之所以能灵于万物①者,何以知其然耶?"

渔者对曰:"谓其目能收万物之色,耳能收万物之声,鼻能收万物之气,口能收万物之味。声色气味者,万物之体也。目耳口鼻者,万人之用也。体无定用,惟变是用。用无定体,惟化是体。体用交②而人物之道③于是乎备矣。然则人亦物也,圣亦人也。"

注释

①灵于万物:比万物聪慧、有灵性。灵,聪慧,超越。
②体用交:本体与功能相互作用、结合。
③人物之道:人与万物相处的规律、道理。

白话译文

樵夫问渔夫:"人之所以能成为万物中最有灵性的,从哪里能看出这一点呢?"

渔夫回答:"人的眼睛能捕捉万物的色彩,耳朵能接收

渔樵问对

万物的声音，鼻子能嗅闻万物的气息，嘴巴能品尝万物的味道。色彩、声音、气息、味道，这些是万物的本体。眼睛、耳朵、嘴巴、鼻子，这些是人体的功能器官。本体没有固定的功能与之对应，功能要随着情况的变化而变化；功能没有固定的本体与之对应，本体也要随着情况的变化而变化。本体与功能相互作用，人与万物相处的规律也就完备了。不过，人也是万物中的一种，圣人也是人。"

重点解读

这部分解答"人为何为万物之灵"：人通过目、耳、鼻、口感知万物的声色气味（万物之体），人的感知又因万物的本质而有意义。更关键的是，"体无定用，用无定体"：万物的本质没有固定的感知方式，人的感知也不局限于特定事物，这种灵活性让人与万物深度联结。

原文在线

有一物之物，有十物之物，有百物之物，有千物之物，有万物之物，有亿物之物，有兆①物之物。生一一之物，当兆物之物者，岂非人乎！有一人之人，有十人之人，有百人之人，有千人之人，有万人之人，有亿人之人，有兆人之人。当兆人之人者，岂非圣乎！是知人也者，物之至者②也。圣也者，人之至者也。

十一、"人物"之辩

注释

①兆：古代计数单位，指极大的数量。
②至者：达到极致的事物或人。

白话译文

一个物体是物，十个物体是物，一百个物体是物，一千个、一万个、一亿个、一兆个物体也都是物。生出一个物体，能抵得上一兆个物体，这物体除了是人，还能是什么呢？一个人是人，十个人是人，一百个人是人，一千个、一万个、一亿个、一兆个人也都是人。生出一个人，能抵得上一兆个人，这个人除了是圣人，还能是什么人呢？由此可以知道，人是物中达到极致的，圣人是人中达到极致的。

重点解读

这部分通过数量对比阐释"极致"：从"一物"到"兆物"，人能以"一"抵"兆"，故为"物之至者"；从"一人"到"兆人"，圣人能以"一"抵"兆"，故为"人之至者"。对于成年人而言，这启示"价值不在数量而在质量"：普通人若能深耕一事（如专注专业），也能拥有超越多数人的价值；追求"极致"，正是从"人"向"至人"靠近的开始。

原文在线

物之至者始得谓之物之物也。人之至者始得谓之人之人也。夫物之物者，至物之谓也。人之人者，至人之谓也。以一至物而当一至人，则非圣人而何？人谓之不圣，则吾不信也。何哉？谓其能以一心观万心，一身观万身，一物观万物，一世观万世者焉。又谓其能以心代天意，口代天言，手代天工，身代天事者焉。又谓其能以上识天时，下尽地理，中尽物情，通照人事者焉。又谓其能以弥纶天地①，出入造化②，进退今古，表里人物者焉。

注释

①弥纶天地：综括、涵盖天地规律。弥纶，包举、综合。

②出入造化：在自然演化中自由把握。造化，自然的创造化育。

白话译文

物到了极致，才叫物之物；人到了极致，才叫人之人。所以物的极致是至物，人的极致是至人。人本是最完备的物，若同时又是最完备的人，那不是圣人是什么？要说他不是圣人，我绝不相信。为何这样说？他能从一人之心窥见千万人之心，从一人之身洞察千万人之身，从一事一物通晓世间万物，从一个时代看清千万个时代。他的心思能与天相通，体

十一、"人物"之辩

察上天的意旨；言语能与天相感，代上天传布训示；双手能与天相应，巧代上天施展造化；身形能与天相合，代上天施行教化。又能总括天地规律，在自然造化中自在出入，于古今岁月里从容进退，彻悟人与物的表里本质。

重点解读

这部分定义"至人"即圣人的特质：能以一心观万心（共情众人）、一物观万物（洞察规律），能代天行事（顺应天道）、通彻人事（理解人间），更能综括天地、贯通古今。对于成年人而言，这像高阶的处世智慧：在职场中能站在团队视角想问题（如观万心），在生活中能从历史经验中找借鉴（如观万世），便是向"极致"靠近的实践。

原文在线

噫！圣人者，非世世而效圣焉。吾不得而目见之也。虽然吾不得而目见之，察其心，观其迹①，探其体，潜其用②，虽亿万千年亦可以理知之也。人或告我曰：'天地之外，别有天地万物，异乎此天地万物。'则吾不得而知之也。非唯吾不得而知之也，圣人亦不得而知之也。凡言知者，谓其心得而知之也。言言者，谓其口得而言之也。既心尚不得而知之，口又恶得而言之乎？以不可得知而知之，是谓妄知也。以不可得言而言之，是谓妄言也。吾又安能从妄人而行妄知妄言者乎！"

渔樵问对

注释

①迹：行为留下的痕迹，指圣人的行事表现。
②潜其用：深入理解其功能，指圣人的作用。

白话译文

唉！圣人并非每个时代都能出现。我没有机缘亲眼见到圣人。虽说见不到，却能揣摩他的心思，察看他的行事痕迹，探寻他的根本，专注于他的作用，如此便能推知他的存在。即便与他相隔万年、亿年，也能凭着他存在的道理去推知。或许有人会对我说："天地之外，还有别的天地万物，和这儿的不一样。"这话是真是假，我没法知晓。不只是我，圣人也没法知晓。但凡说自己知道的，那些所知都是说话人心里能明白的；但凡说出口的话，也都是说话人嘴里能讲清的。既然心里都不明白，嘴又怎能讲得出来呢？心里不清楚却硬说知道，这叫妄知；嘴里说不明白还非要讲，这叫妄言。我又怎能像那些虚妄之人一般，去做这种妄知妄言的事呢？

重点解读

这部分强调认知的边界：圣人虽稀见，但可通过"察心、观迹、探体、潜其用"推知其存在（依理而知）。对于成年人而言，这是重要的认知准则：不轻易断言未知（如不盲从谣言），对不懂的事保持谦逊。同时，对可知的规律（如圣人之道）可通过观察、推理去把握，这才是踏实的认知态度。

原文在线

渔者谓樵者曰："仲尼有言曰：殷因于夏礼，所损益可知也；周因于殷礼，所损益可知也。其或继周者，虽百世可知也。夫如是，则何止于百世而已哉！亿千万世，皆可得而知之也。人皆知仲尼之为仲尼，不知仲尼之所以为仲尼，不欲知仲尼之所以为仲尼则已，如其必欲知仲尼之所以为仲尼，则舍天地将奚之焉？人皆知天地之为天地，不知天地之所以为天地。不欲知天地之所以为天地则已，如其必欲知天地之所以为天地，则舍动静将奚之焉？夫一动一静者，天地至妙者欤？夫一动一静之间者，天地人至妙者欤？是知仲尼之所以能尽三才之道①者，谓其行无辙迹②也。故有言曰：'予欲无言③'，又曰：'天何言哉！四时行焉，百物生焉。'其此之谓与？"

注释

①三才之道：指天道、地道、人道。

②行无辙迹：行事不留痕迹，指顺应规律，自然而为。

③予欲无言：孔子语，指天道无言而自行。

白话译文

渔夫对樵夫说："孔子说：'殷朝的礼仪继承了夏朝的礼仪，其中减少和增加了哪些礼节，是可以知晓的；周朝的礼仪继承了殷朝的礼仪，减少和增加了哪些礼节，也是可以知晓的。以后或许会有取代周朝的朝代，即便那个朝代距离我有一百个世代那么久远，它的礼仪也是可以知晓的。'像孔子说的这样，能够知晓的礼仪又何止是一百个世代之后的呢？就算是一千个、一万个、一亿个世代之后的礼仪，同样可以知晓。人们都知道孔子就是孔子，却不知道孔子能够成为孔子的缘由。不想知道孔子能够成为孔子的缘由也就罢了，如果一定要知道，就必须到天地之中去寻找答案，倘若抛开天地不管，又能到哪里去寻找答案呢？人们都知道天地就是天地，却不知道天地能够成为天地的缘由。不想知道天地能够成为天地的缘由也就罢了，如果一定要知道，就必须到动静之中去寻找答案，倘若抛开动静不管，又能到哪里去寻找呢？一动一静，不是天地的奥妙又是什么呢？在这一动一静之间，不就是天地人三者中最为奥妙的所在吗？由此可知，孔子之所以能穷尽天地人三才之道，是因为他行事不留痕迹。所以孔子说：'我什么也没说。'又说：'天何尝说过话！四季自然按顺序更替，百物自然生长。'难道说的不是这个道理吗？"

重点解读

这部分借孔子之言说明"规律的可预见性"：礼仪因袭中"损益可知"，甚至百世之后亦可推知，因天道、人

十一、"人物"之辩

> 道有恒常规律。对于成年人而言，这意味着理解事物不只看表面（天地之为天地），更要抓根本（动静规律），行事顺应规律而非强求，才能接近"至人"的智慧。

思维大图解

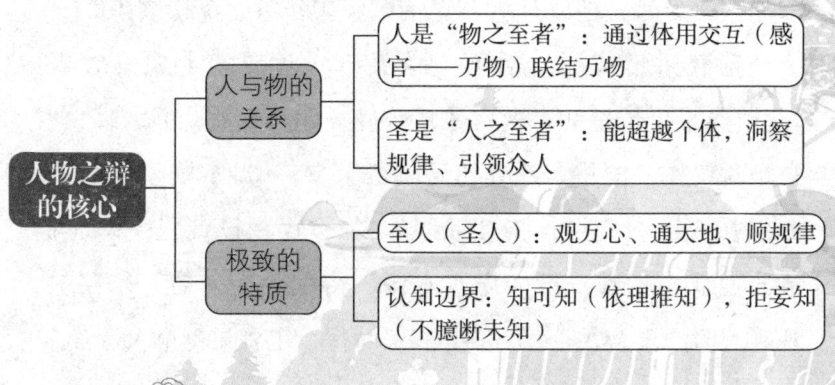

以古启智

张载"为天地立心"的实践

张载的名字取自《周易·坤卦》"厚德载物"，其一生始终践行着"为天地立心，为生民立命"的宏愿，在"人物之辩"中彰显出"至人"的特质。

年轻时，西夏屡屡扰边，大宋以岁币求安，张载深以为耻。二十来岁的他写下《边议九条》，欲投笔从戎，联合民团收复失地，向主持西北防务的范仲淹上书献策。范仲淹赞其志向，却劝他："你是儒生，不必钻研军事，可精研《中庸》。"张载听从劝告,归家后苦读《中庸》,又涉猎佛道典籍,最终选定儒学深耕,十余年后渐成思想体系。

三十八岁时,张载考中进士,与苏轼、苏辙同榜。候诏期间,他在开封相国寺设虎皮椅讲授《易经》,受宰相文彦博支持。无论任职何处,他都重视道德教化,倡导尊老爱幼。宋神宗召见时,他以远古君王治国经验作答,深得赏识。

张载讲学关中,从不空谈义理,常带学生观察农事:"麦苗春生夏长是动,秋实冬藏是静,此为天地动静之理;农夫顺时耕作,便是人道应和天地之理。"一次,当地大旱,官吏想强征民力修渠,张载劝阻:"如今民力已疲,是静之极致,强征必生乱。不如先查水源,待秋收后,动之始兴工,既顺天时,又合民心。"官吏依言而行,工程果然顺利完工。

大旱当前,就应该征收民力,大修水渠,为什么要等秋收?

如今民力已疲,是静之极致,强征必生乱。

张载的学问不拘于书斋,而是"以一物观万物""以一心观万心"。晚年时期,他还编著了《正蒙》,系统地阐述了"天地人物相通"之理,真正做到"出入造化,表里人物"。他虽非传统意义上的圣人,却以"至人"的实践诠释了人与物的深度联结,让"为天地立心"的志向在民生实事中落地生根。

总结时刻

"人物"之辩的核心是理解"人与物的联结"与"从人到至人的路径",成年人的成长便是向"极致"靠近的过程。最终发现,所谓"至人",不过是在动静循环中顺应规律,在人物联结中守住本心,这便是人与万物相处的终极智慧。

十二、"权变"之辩

原文在线

渔者谓樵者曰:"大哉!权之与变乎?非圣人无以尽之。变然后知天地之消长,权然后知天下之轻重。消长,时也;轻重,事也。时有否泰,事有损益。圣人不知随时否泰①之道,奚由知变之所为乎?圣人不知随时损益②之道,奚由知权之所为乎?运消长者,变也;处轻重者,权也。是知权之与变,圣人之一道耳。"

注释

①否泰(pǐ tài):否,指困顿不通;泰,指通顺安宁,代指时势的盛衰。

②损益:减损与增益(指事物发展中的增减变化)。

白话译文

渔夫对樵夫说:"圣人真的太了不起了!只有圣人才能彻底弄清楚权衡与变化的真实情况。有变化,才知天地之间是如何此消彼长的;有权衡,才知道天下之物孰轻孰重。随着时节的变化,消长也会发生变化;由于事物的不同,轻重

十二、"权变"之辩

也会发生变化。时节有不亨通的时候，也有顺畅的时候；事物有增益的情况，也有衰退的情况。假如圣人不明白随着时节的变化会出现增益和衰退，又如何明白权衡所发挥的作用呢？是变化带来此消彼长，是权衡带来轻重之分。从这里可以知道，权衡和变化，体现的都是圣人的一体之道。"

重点解读

这部分围绕"权"与"变"展开，揭示二者是圣人把握世界的核心智慧。权与变并非割裂的，而是一体的：没有"变"，便看不清趋势；没有"权"，便握不住分寸。对于成年人而言，这恰是生活的写照：职场中需根据行业兴衰（消长）调整方向（变），人际关系中需权衡利弊（权），把握分寸，懂得权变，才能在复杂变化的职场中站稳脚跟。

思维大图解

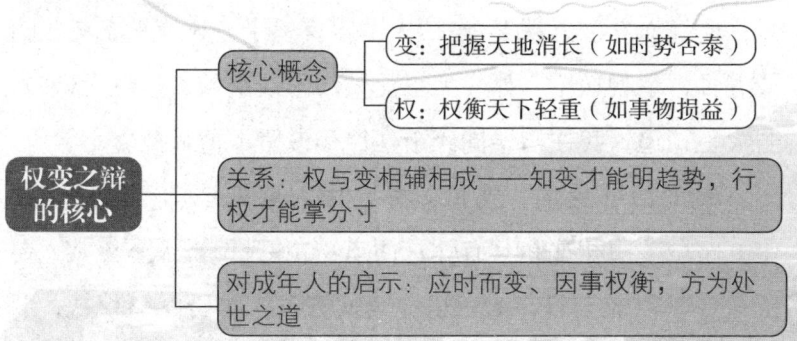

以古启智

完璧归赵

战国时期,赵王得到和氏璧的消息传到秦国,秦王派使者来到赵国,称愿以十五座城池交换。赵王深知秦王素来贪利,答应怕受骗,不答应又恐秦王引兵来犯,与大臣们商议多日也无善策。

此时蔺相如进言:"请让我带璧入秦,见机行事。若秦王无诚意以城换璧,我必完璧归赵。"赵王知其勇敢机智,便应允了。

到了秦国,秦王在王宫接见蔺相如。蔺相如献上和氏璧,秦王接过看后传予大臣、妃嫔观赏,却绝口不提割城之事。蔺相如静观,已知秦王无交换诚意,思索片刻,上前道:"这块璧虽好,却有处小瑕疵,容我指给大王看。"

秦王忙命人将璧取回,交予蔺相如。蔺相如持璧后退几步,倚柱而立,怒视秦王:"大王曾言以十五城换璧,赵王斋戒五日,举朝送璧。如今大王受璧却不谈割城,显见无诚意。若大王相逼,我便与璧同碎于柱!"说罢举璧欲撞。

秦王怕璧受损,连忙致歉,命人取来地图,假意指出十五座城。蔺相如料其有诈,便道:"和氏璧乃天下至宝,赵王送璧时斋戒五日,大王也应斋戒五日,举行受璧仪式,我才敢献上。"秦王无奈应允,派人安置蔺相如。蔺相如深知秦王不会守信，当夜便让随从扮作商人，藏璧于身，从小道潜回赵国。他自己则留在秦国，坦然应对。

几日后，秦王发觉璧已归赵，虽怒却无可奈何——赵军早有准备，硬攻未必能胜；又见蔺相如胆识过人，终放其归国。

蔺相如的智慧，全在"权变"二字：见秦王无诚意便知变，借指瑕夺璧是行权；料秦王不会杀他是知变，以献璧逼其让步是行权。他在周旋中既保了璧，又护了国，将权变的智慧化作守正的力量，成就了"完璧归赵"的千古佳话。

总结时刻

"权变"并非投机取巧，而是基于对时势与事物的深刻理解。天地有消长，时势有否泰，事物有损益，成年人的世界从无一帆风顺。这警示我们：不固守成见，不盲目冒进，在变中守本，在权中守度，方能在面对复杂世事时从容应对——这便是"权变"留给成年人的生存智慧。

十三、"生死"之辩

原文在线

樵者问渔者曰:"人谓死而有知,有诸①?"

曰:"有之。"

曰:"何以知其然?"

曰:"以人知之。"

曰:"何者谓之人?"

曰:"目耳鼻口心胆脾肾之气全②,谓之人。心之灵曰神,胆之灵曰魄,脾之灵曰魂,肾之灵曰精。心之神发乎目,则谓之视;肾之精发乎耳,则谓之听;脾之魂发乎鼻,则谓之臭③;胆之魄发乎口,则谓之言。八者具备,然后谓之人。"

注释

①有诸:有这样的事吗?诸,相当于"之乎",表疑问。

②气全:指目、耳、鼻、口、心、胆、脾、肾八大部位的灵气完备。

③臭(xiù):气味,此处指嗅觉(文中"谓之臭"即"称为嗅觉")。

十三、"生死"之辩

白话译文

樵夫问渔夫:"人死后真的有灵魂吗?"

渔夫答:"有。"

樵夫问:"你怎么知道?"

渔夫答:"人告诉我的。"

樵夫问:"人要具备什么条件?"

渔夫答:"眼睛、耳朵、鼻子、嘴、心、胆、脾、肾这八个部位都有气,就可以称之为人。神指心的灵气,魄指胆的灵气,魂指脾的灵气,精指肾的灵气。心的神通过眼睛显现出来,即视;肾的精从耳朵显现出来,即听;脾的魂通过鼻子彰显出来,即嗅;胆的魄通过嘴巴显现出来,即言。八个部位都有气,才能称之为人。"

重点解读

这部分从"人"的定义切入探讨生死:完整的人目、耳、鼻、口等八大部位需具备灵气(神、魄、魂、精),这些灵气通过感官显现为视、听、嗅、言等功能。渔者认为"死而有知",正是基于"灵气不灭"的逻辑——人的感知与意识源于灵气,而非单纯的形体。就像我们常说"精神永存",并非指肉体不朽,而是指思想、品格等"灵气"延续。这提醒成年人:看待生死,不能只盯着形体的存亡,更要关注"灵气"(如精神、影响)的价值。

原文在线

夫人也者,天地万物之秀气①也。然而亦有不中者,各求其类也。若全得人类,则谓之曰全人②之人。夫全类者,天地万物之中气也,谓之曰全德之人也。全德之人者,人之人者也。夫人之人者,仁人之谓也。唯全人,然后能当之。

人之生也,谓其气行③,人之死也,谓其形返。气行则神魂交,形返则精魄存。神魂行于天,精魄返于地。行于天,则谓之曰阳行;返于地,则谓之曰阴返。阳行则昼见而夜伏者也,阴返则夜见而昼伏者也。

是故知日者月之形也,月者日之影也。阳者阴之形也,阴者阳之影也。人者鬼之形也,鬼者人之影也。人谓鬼无形而无知者,吾不信也。

注释

①秀气:天地万物中精粹的灵气,指人禀受的优质自然之气。

②全人:各方面灵气完备的人,即"全德之人"。

③气行:阳气运行,指人活着时,灵气活跃于形体。

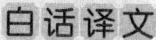

十三、"生死"之辩

白话译文

人,源于天地万物之灵气。可是也有人在某一方面缺失,分属不同的类别。各方面都是完备的,才能称为全人。全人吸收万物中和之气,则可称为全德之人。全德之人,为人中之人。人中之人,则是仁人。只有全人,才有资格叫作仁人。

人在世时,称为阳气运行。人不在世了,则叫形体回归。气行则神魂相交,形归则精魄存。神魂归于天,精魄回到大地。归于天,则叫作阳行,回到大地,则称之为阴返。阳在白天运行,到了晚上就潜伏起来;到了晚上,阴就出来了,而到了白天,它就潜伏起来。

从这里可以知道,月亮以太阳为形,太阳的影子是月亮,阳者以阳者为形,阳者的影子是阴者,鬼的形状是人,人的影子是鬼。人们说,鬼无形、无魂,我是不信的。

重点解读

> 这部分阐释生死的本质是"气行"与"形返"的循环:人活着是"气行",神魂与形体交融;人死是"形返",神魂归于天(阳行),精魄归于地(阴返),如同日月相照、形影相随。对于人而言,这意味着生死是天地循环的一部分:生时应珍视"全德"(灵气完备),活出精神的厚度;死时则坦然接受"形返",明白灵气的影响可超越形体——这是对生死最通透的认知。

思维大图解

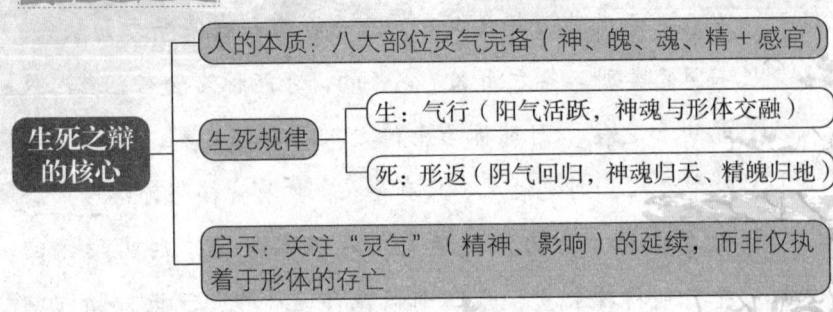

- 生死之辩的核心
  - 人的本质：八大部位灵气完备（神、魄、魂、精+感官）
  - 生死规律
    - 生：气行（阳气活跃，神魂与形体交融）
    - 死：形返（阴气回归，神魂归天、精魄归地）
  - 启示：关注"灵气"（精神、影响）的延续，而非仅执着于形体的存亡

以古启智

文天祥：以"正气"为魂，凝民族气节之"胃"

文天祥生活在南宋末年，字宋瑞，江西吉水人，二十岁举进士廷试第一，他的才华最终化作了捍卫家国的利刃。

1259年，蒙古大军南侵，宦官董宗臣劝宋朝皇帝迁都，文天祥上书力阻，请求诛杀董宗臣以安民心。1274年秋，他在赣州招募数万人组成"勤王军"，次年奔赴临安。常州危急时，他派兵救援未果；元军逼近临安，他与张世杰主张决战，却遭宰相陈宜中阻挠。

此后，文天祥辗转募兵，收复数地，反攻江西时给元军以沉重打击，终因士兵稚嫩溃败。1278年，他被叛徒出卖被俘，在零丁洋写下"人生自古谁无死，留取丹心照汗青"，以诗句定格了对生死的抉择。

宋亡后，他在狱中度过三年，写下《正气歌》，以"天

十三、"生死"之辩

地有正气,杂然赋流形"的呐喊,将生死观熔铸于笔墨。1282年,元世祖下令处死他,他从容赴死,形体虽"返于燕市",正气却穿透时空。

文天祥的正气化作精神火种,明代于谦以"粉身碎骨浑不怕"呼应他,近代更成为民族危亡时的旗帜。

天地有正气,杂然赋流形。死有什么可怕的?我一身正气,不惧怕死亡。

文天祥的生死观从不是简单的生或死,而是以生命为炬,点燃"忠贞不屈"的气节,让"正气"成为跨越生死的民族脊梁。

总结时刻

生死之辩的核心是看透"循环"二字。人禀受天地灵气而生,活着时"气行",灵气借形体显现为思想、行动;死后"形返",灵气归于天地,阳行于天、阴返于地,如同日月交替、形影相随,没有绝对的"断灭"。

对于成年人而言,纠结"死后有无"不如专注"生时如何"。坦然接受生死循环,珍视生时每一份"灵气"的绽放,便是对生死最深刻的敬畏。

十四、"小人"之辩

原文在线

樵者问渔者曰:"小人可绝乎?"

曰:"不可。君子禀阳正气①而生,小人禀阴邪气②而生。无阴则阳不成,无小人则君子亦不成,唯以盛衰乎其间也。阳六分,则阴四分;阴六分,则阳四分。阳阴相半,则各五分矣。由是知君子小人之时有盛衰也。治世则君子六分。君子六分,则小人四分,小人固不能胜君子矣。

注释

①禀阳正气:承受天地间刚正的阳气。禀,承受;阳正气,象征正直、积极的特质。

②禀阴邪气:承受天地间阴寒的邪气。阴邪气,象征偏颇、消极的特质。

白话译文

樵夫问渔夫:"可以让小人彻底消失吗?"

渔夫答:"不能。君子生于阳正气,小人生于阴邪气。无

十四、"小人"之辩

阴则不会生阳,没有小人,则不会有君子,只是盛衰不一样。如果满分计十分,阳六分,阴则占四分。阴六分的话,则阳占四分。阴阳各占一半,则各占五分。从这里可以知道,君子和小人都有盛有衰。太平盛世,君子占六分。君子占六分,则小人只占四分。在这种情况下,小人的势力就要臣服于君子的势力。"

重点解读

这部分开篇点明"小人不可绝"的核心:君子与小人如同阴阳,互为依存——无阴则阳不成,无小人则难以凸显君子的价值。这提醒成年人:社会本就有多元特质,与其试图消灭对立,不如专注于壮大正向力量。

原文在线

乱世则反是,君君,臣臣①,父父,子子,兄兄,弟弟,夫夫,妇妇,谓各安其分也。君不君,臣不臣,父不父,子不子,兄不兄,弟不弟,夫不夫,妇不妇,谓各失其分也。此则由世治世乱②使之然也。

注释

①君君,臣臣:第一个"君""臣"为动词,指君主像君主的样子,臣子像臣子的样子(即各守本分)。

②世治世乱:安定的时代与混乱的时代。

渔樵问对

白话译文

乱世和太平盛世是完全反过来的。君也好、臣也好、父也好、子也好、兄也好、弟也好、夫也好、妻也好，都各守其位，即各安其分。如果君、臣、父、子、兄、弟、夫、妻都不在其位，则称之为各失其分。因为世道不同，所带来的结果也不一样。

重点解读

这部分说明：治世的核心是"各安其分"——每个人守住自己的职责（如君主勤政、臣子忠良）；乱世的根源是"各失其分"——角色错位（如君主昏庸、臣子叛逆）。对于成年人而言，这意味着在家庭（如父母尽责、子女孝顺）、职场（如上级公正、下属勤勉）中守住自身角色，尽到自己的职责便是对"治世"的具体贡献。

原文在线

君子常行胜言[①]，小人常言胜行[②]。故世治则笃实之士多，世乱则缘饰之士众。笃实鲜不成事，缘饰鲜不败事。成多国兴，败多国亡。家亦由是而兴亡也。夫兴家与兴国之人，与亡国亡家之人，相去一何远哉！

注释

[①]行胜言：行动胜过言语（指君子注重实干，少说多做）。
[②]言胜行：言语胜过行动（指小人注重空谈，光说不做）。

十四、"小人"之辩

白话译文

君子少说多做,小人多说少做。所以在太平盛世,多是厚道之人;而在乱世,多是钻营之人。如果一个人厚道,很大概率可以成事;如果人善于钻营,几乎都难以成事。成事多,国家就会发达;败事多,国家就会灭亡。一样的道理,家庭也是因为成事多才兴旺,败事多则灭亡。兴旺国家、兴旺家庭的人,和灭亡国家、灭亡家庭的人相比,二者之间存在很大的差距。

重点解读

这一部分对比君子与小人的根本差异:君子"行胜言"(实干),小人"言胜行"(空谈)。治世因笃实者多而兴,乱世因缘饰者众而亡,家国兴衰皆由此起。这对成年人的启示尤为直接:个人的价值不在"说得多好",而在"做得多实"。在职场中,承诺再多不如完成一件事;生活中,抱怨不如踏实解决一个问题。

思维大图解

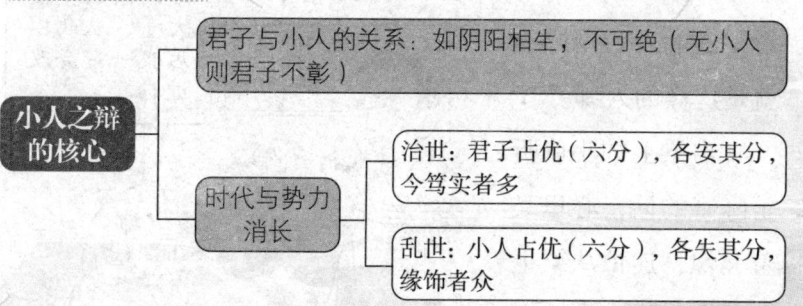

以古启智

梁上君子

汉桓帝时期,陈寔曾任太丘长。他出身低微,最能体谅百姓疾苦,自身行事正直严谨,早已成为乡里人的表率。

那年收成不好,百姓日子过得艰难,乡里有些人为生计所迫,竟走上了偷鸡摸狗的路。一天夜里,有个小偷悄悄溜进陈寔家,藏在房梁上,想趁人不备偷点儿东西。陈寔偶然发现了梁上的人影,却没声张,只是把儿子、孙子都叫到跟前,神情严肃地教训起来。

"做人,总要时时勉励自己,才能有长进。"他缓缓开口,目光扫过孩子们,"有些做坏事的人,本性未必就坏,只是染上了坏习惯,又不知克制,任其发展,才一步步变成了坏人。你们抬头看看,这位梁上君子,就是这样的人哪。"

房梁上的小偷听了陈寔的话,心里又羞又愧,连忙从梁上爬下来,跪在地上向

看你的模样,不像是本性恶劣的人,记住我刚才说的话,从此改邪归正,别做小偷了。

谢谢您的宽宏大量,从此以后我一定会改过自新。

陈寔叩头认罪。陈寔看着他,语气平和地说:"看你的模样,不像是本性恶劣的人。记住我刚才的话,从此改邪归正,别再做小偷了。"说罢,他让人取来两匹绢送给小偷,还派家人送他回家。

这件事很快在乡里传开,人们越发敬佩陈寔的气度。那些曾做过坏事的人,受他这番教诲的感召,也纷纷改过自新,乡里的风气渐渐好转。

总结时刻

"小人"之辩的智慧不在纠结"如何消灭小人",而在理解"对立共存"的常态与"守分实干"的重要。各守角色本分,社会便有序;多行少言实干,个人便立得住。

成年人不必苛求环境纯然无"小人",而应专注于自身:在家做尽责的家人,在职场做踏实的伙伴,以"行胜言"积累正向力量。应对复杂人际关系的务实之道:守好自己的"分",做好自己的"行",便是对"治世"最好的贡献。

十五、"才正不正"之辩

原文在线

樵者问渔者曰:"人所谓才①者,有利焉,有害焉者,何也?"

渔者曰:"才一也,利害二也。有才之正者②,有才之不正者③。才之正者,利乎人④而及乎身者⑤也;才之不正者,利乎身而害乎人者也。"

注释

①才:指人的才华与能力(具体来说,是一个人拥有的专业技能或本领)。

②才之正者:指把才华用在正确的道路上(既对他人有利,也对自己有益)。

③才之不正者:指将才华用在了歪门邪道上(只对自己有利,却会伤害他人)。

④利乎人:对他人有好处。

⑤及乎身:能让自身得到益处(这里指正当的才华带来的良性回报)。

十五、"才正不正"之辩

白话译文

樵夫问:"人们所说的才华,有利,也有害,这是为什么?"

渔夫答:"才华是一,利害是二,才华有利有害,这是一分为二。才华有正当与不正当的区别。正当的才华,对别人有利,对自己也有利。不正当的才华,虽然对自己有利,却会对别人造成伤害。"

重点解读

这部分点明"才华本身是中性的,利害在于方向"的核心:才华本没有绝对的优劣之分,重要的是用在正道还是邪道。用在正道的才华,如同厨师的厨艺,既能让食客品尝美味(利于他人),也能让自己获得认可(利于自身);用在邪道的才华,恰似窃贼的技巧,虽能偷得财物(满足自己),却会使他人蒙受损失(伤害他人)。对于成年人来说,这是深刻的自我告诫:不管是工作中的专业技能,还是经商时的思维能力,若只追求个人利益而损害他人,再出众的才华也会沦为"伤人的工具";若以帮助他人为基础,普通的能力也能成为"有益的利器"——才华的价值,终究是由使用它的方向来界定的。

原文在线

曰:"不正,则安得谓之才?"

曰:"人所不能而能之,安得不谓之才?圣人所以异乎才之难者,谓其能成天下之事而归之正者①寡也。若不能归之以正,才则才矣,难乎语其仁也。譬犹药疗疾也,毒药②亦有时而用也,可一而不可再也,疾愈则速已,不已则杀人矣。平药③则常日而用之可也,重疾非所以能治也。能驱重疾而无害人之毒者,古今人所谓良药④也。"

注释

①归之正者:能将才华用到正道上的人(指把才华用于正当的目的)。

②毒药:文中用来比喻那些虽有危害,但在特定情形下能派上用场的"不正之才"。

③平药:文中比喻那些常规的、没有危害的才能。

④良药:指能够治疗重病且没有毒性的药物(文中比喻那些既强大又用在正途的才华)。

白话译文

樵夫问道:"要是才华不正,那还能叫才华吗?"

渔夫回答说:"别人没有这种能力,他却有,怎么就不能叫才华呢?圣人之所以感叹有才华的人难以遇到,是因为能成就天下的事业,同时又能将才华用在正道上的人太少了。要是不能让他把才华用在正道上,即便有才华,也很难说他是仁德

十五、"才正不正"之辩

的人。就好比用药物治病,有时候也会用到毒药来治病,但毒药只能偶尔使用,不能反复用,病一旦治好,就要马上停用毒药,要是不停用,毒药就会把人毒死。普通的药在对付小病时还能用,但碰到重病,就没办法医治了。能治好重病而且没有害人的毒性,这样的药古往今来都被称作良药。"

重点解读

这部分回应"不正之才是否为才"的疑问:旁人无能为力的事,他却有办法做到,这便是才华。只不过,"不正之才"就像毒药——特殊时候能派上用场(比如动荡时期用权术稳住局面),但绝不能频繁使用,不然一定会引发灾祸;而正才如同良药,既能解决棘手问题(如重病),又不会对他人造成伤害。这给成年人提了个醒:评判才华不能只看"能力大小",更要关注"是否符合道义"。在职场,投机取巧往上爬的"才能"即便能带来一时利益,也会像毒药一样最终反噬自身;踏实肯干成就事业的"才能",纵然见效慢,却如同良药能让人长久站稳脚跟。

原文在线

《易》曰:"大君有命,开国承家,小人勿用。①"如是,则小人亦有时而用之。时平治定②,用之则否③。《诗》云:"它山之石,可以攻玉。"其小人之才④乎!"

渔樵问对

注释

①大君有命，开国承家，小人勿用：出自《周易·师卦》，意思是君主下达命令，封赏功臣建立邦国、继承家业，不能任用品行不端的人（着重强调治理国家需要使用走正道的人才）。

②时平治定：时局安稳、社会秩序良好（指太平盛世）。

③用之则否：这种时候使用小人（或者不走正道的有才能的人）是不合适的。

④小人之才：指那些虽然不属于正统，但有特殊用途的才能（使用时必须十分谨慎）。

白话译文

《易经·师卦》上六爻的爻辞说："战争取得胜利，军队凯旋，天子颁布奖赏命令，封赏诸侯，让他们拥有自己的国家，又封赏卿、大夫，让他们享有采邑。品行不端的人不能任用为官员。"从这里可以知道，某些时候也会用到小人。不过，在太平盛世，使用小人就不妥当了。《诗经·小雅·鹤鸣》有句话：'它山之石，可以攻玉。'这句诗所说的大概就是小人的才能吧！"

重点解读

这部分借经典说明"才的使用需合时宜"：社会

十五、"才正不正"之辩

安定平和之时,必须任用正才("小人勿用"),防止不正之才扰乱秩序;但在特殊境况下(比如动荡时期,或者需打破困局时),"小人的才能"也能像"它山之石"一样,解决疑难问题。对于成年人来说,这是一种平衡"原则与变通"的智慧:要坚守正才为根本,特殊情况下可以借助"权宜之才",但绝不能让权宜之才成为常态——守住底线,才是让正才长久发挥价值的基础。

思维大图解

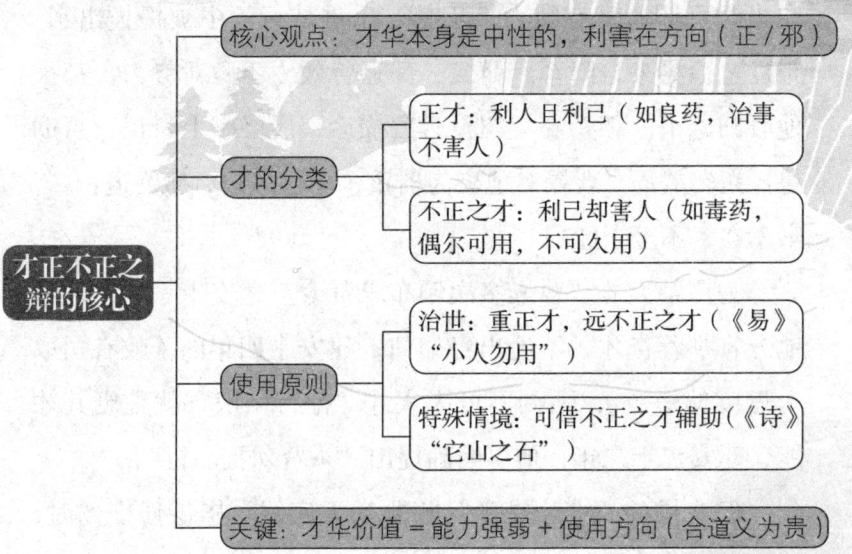

以古启智

曹操"唯才是举"与"用才守正"的平衡

东汉选才向来看重名节与家世,这使得不少名不副实之人混入朝堂。曹操看透了这种选才方式的弊端,于是提出"唯才是举"的用人理念,打破传统桎梏,那些"不仁不孝却有治国用兵之术"的人,他也会予以任用。

他在《求贤令》中直言:"若必廉士而后可用,则齐桓其何以霸世""进取之士,未必能有行也"。这份用人理念,在当时可谓非常有魄力。于禁、乐进从行伍中被提拔出来,张辽、徐晃来自降军,荀彧、郭嘉曾效力于敌对势力,都被他收归麾下。郭嘉弃袁绍投奔曹操后,屡屡献上奇谋,帮助曹操扭转战局,曹操对他极为器重,赤壁战败后痛哭道:"若奉孝在,不至于此。"

为广纳人才,曹操多次颁布求贤令。建安十一年,他令地方官举荐奇才,不论出身如何;建安十四年的《敕有司取士毋废偏短令》,强调不可因人才"德行一般"就荒废其才能;建安二十二年,他更明确提出"举贤勿拘品行"。

但曹操的"唯才是举"并非毫无底线。毕谌任别驾时,因亲属被张邈扣押而投奔对方,后来被曹操活捉。众人都以为毕谌必死无疑,曹操却说道:"一个孝敬父母的人,必定会忠于自己的主公。"他不仅没有怪罪毕谌,还任命其为鲁国国

十五、"才正不正"之辩

相。由此可见,他依然重视基本的德行。

曹操的智慧在于平衡"唯才"与"守正":用正直有才之人奠定根基,借权宜之才化解困局。正如"毒药可暂用,良药需常守",他既不因为人才品行有瑕疵就弃之不用,又以回归正道为根本,最终聚集了大批人才,加快了北方统一的进程。这种用人之道,彰显着乱世中务实而不失原则的治理智慧。

总结时刻

"才正不正"之辩说到底是"才华与道义"的平衡术。才华就像一柄剑,既能用来披荆斩棘(正当使用),也能用来行凶作恶(不正当使用),关键在于持剑者最初的想法。

成年人在工作和生活中,应当以"正道"为根本:提升技能的时候,多问问自己"是否对他人有利";运用才华的时候,常常思考"是否违反了规矩"。特殊情况下或许需要借助"权宜的才能",但绝不能让权宜之计损害了原则。

十六、"择用"之辩

原文在线

樵者谓渔者曰:"国家之兴亡,与夫才之邪正,则固得闻命矣。然则何不择其人而用之①?"

渔者曰:"择臣者,君也;择君者,臣也。贤愚各从其类②而为。奈何有尧舜之君,必有尧舜之臣;有桀纣之君,而必有桀纣之臣。尧舜之臣,生乎桀纣之世,桀纣之臣,生于尧舜之世,必非其所用也。虽欲为祸为福,其能行乎?夫上之所好,下必好之。其若影响,岂待驱率而然耶?

注释

①择其人而用之:挑选恰当的人加以任用。

②贤愚各从其类:贤人与愚人各自归到与自己品行相近的群体。

白话译文

樵夫对渔夫说:"国家的兴盛与衰亡,以及人才是正直还是奸邪,我已经听您讲解过了。可是为什么不挑选合适的

十六、"择用"之辩

人来任用呢？"

　　渔夫回答道："挑选臣子的人，是君主；而能影响君主选择的，是臣子。贤人与愚人各自依照自身的行事方法而行事。无奈的是，有怎样的君主，就一定会有怎样的臣子。有像尧舜那样贤明的君主，就必然会有像尧舜那样贤德的臣子；有像桀纣那样暴虐的君主，就必然会有像桀纣那样奸邪的臣子。要是像尧舜时期那样的贤臣，生活在桀纣当政的时代，或者像桀纣时期那样的奸臣，生活在尧舜当政的时代，一定不会被君主所重用。不被重用，即便想为国家带来福祉或者制造灾祸，又怎么能够做到呢？上级所喜好的事物，下级必定也会跟着喜好。这种关系就像影子紧随形体、回声呼应声音一样，哪里需要强迫才会如此呢？"

重点解读

　　这部分重点剖析"择用"的相互性：君主挑选臣子，臣子也会依据君主的品性来决定是否追随君主。正如贤明君主身边贤臣云集，暴虐君主身旁奸臣环绕，这并非巧合——贤臣处于暴君麾下难以得到重用，奸臣在明君执政时代也无法施展手脚。对于成年人来说，这一点在职场中体现得尤为突出：倘若领导者注重诚信，那么团队里那些爱耍小聪明、投机取巧的人会渐渐被排挤到不重要的位置；反之，要是领导者眼中只盯着利益，那么踏实肯干、认真做事的人就很难拥有施展抱负的空间。

渔樵问对

原文在线

上好义①，则下必好义，而不义者远矣；上好利，下必好利，而不利者远矣。好利者众，则天下日削②矣；好义者众，则天下日盛③矣。日盛则昌，日削则亡。盛之与削，昌之与亡，岂其远乎？在上之所好耳。夫治世何尝无小人，乱世何尝无君子，不用则善恶何由而行也。"

注释

①上好义：上位者推崇道义。
②日削：一天天变得衰弱，指国家因为追逐利益而走向衰败。
③日盛：一天天变得强盛，指国家因为重视道义而日益强大。

白话译文

上位者讲求道义，下位者就一定会讲求道义，而那些不讲求道义的人就会离开；上位者讲求利益，下位者就一定会讲求利益，而那些不讲求利益的人就会离开。讲求利益的人多了，天下就会一天比一天衰弱；讲求道义的人多了，天下就会一天比一天兴盛。日渐兴盛就会繁荣昌盛，日渐衰弱就会走向灭亡。兴盛与衰弱、繁荣昌盛与灭亡，它们之间的差距难道很大吗？关键就看上位者所喜好的究竟是道义还是利益了。太平盛世难道就没有小人吗？混乱之世难道就没有君子吗？不任用君子，善举靠什么来推广呢？不任用小人，恶行又怎么会出现呢？"

十六、"择用"之辩

重点解读

这部分进一步阐述"上位者的喜好决定群体风气":若是掌权者看重道义,手下人必定会争先恐后地践行道义,那些不讲道义的人自然会自行离去;要是掌权者一心追逐利益,手下人也必然会热衷于争夺利益,坚守道义的人就会遭到排挤。对于成年人来说,这启示我们:不管是在团队里还是在家庭中,处于主导地位的人(比如管理者、父母)的价值观念会对周围的人产生影响,要营造积极向上的氛围。

思维大图解

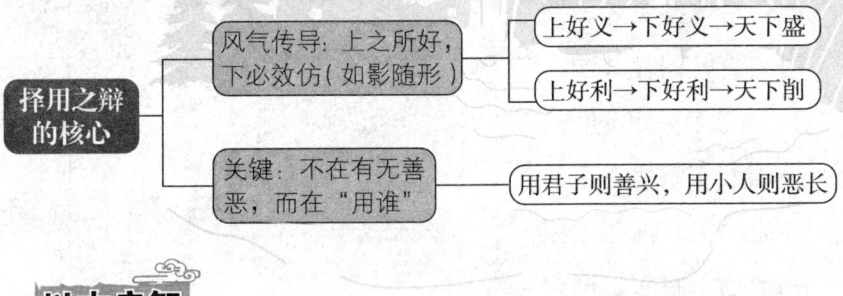

以古启智

燕昭王求贤若渴

燕昭王收复残破的燕国后,一心想向齐国复仇。他知道燕国势单力薄,唯有广纳贤才方能成事,于是以谦卑礼节和丰厚礼物招贤，还特意亲自去见郭隗请教复仇之策。

"齐国趁乱破燕，我想雪先王之耻，却苦无贤才相助。"燕昭王道出心愿。郭隗答道："成就帝业者以贤者为师，成就王业者以贤者为友，成就霸业者以贤者为臣，亡国之君用小人。您若能躬身侍奉贤者，超过我百倍的人才自会前来。"

"大王若真想招贤，就从我开始吧。"郭隗说，"我尚且被重用，比我贤能的人怎会怕千里之遥？"燕昭王听后，当即筑起高台，拜郭隗为师，还筑黄金台以待贤者。

消息传开后，乐毅从魏国赶来，邹衍从齐国赶来，剧辛从赵国赶来。燕昭王尽心侍奉这些贤才，同时与百姓同甘共苦。

二十八年过去，燕国殷实富足，士兵斗志昂扬。燕昭王派乐毅为上将军，联合秦、楚及三晋攻齐。齐军溃败，齐闵王出逃。

燕昭王的择用之道在于以诚意感召贤才，以尊重留住贤才，终成复仇兴国之业。这种对贤才的重视与善用，成为后世传颂的佳话。

十六、"择用"之辩

总结时刻

"择用"之辩的核心是看清"上位者导向"的决定性作用。君主和臣子之间的双向选择,本质上是价值观念的相互磁吸;上下级之间风气的传递,实际上是"上位者所推崇之物"的自然扩散。

对于成年人来说:管理者的选择会对团队风气产生影响,家长的价值取向会塑造家庭的氛围。与其埋怨周遭环境,不如从自身开始改变——重视道义、轻视利益,正直的人就会聚集而来;坚守正道、摒弃邪念,积极的事情就能做成。

十七、"善恶"之辩

原文在线

樵者曰:"善人常寡①,而不善人常众;治世常少,乱世常多,何以知其然耶?"

曰:"观之于物,何物不然?譬诸五谷,耘②之而不苗者有矣。蓬莠③不耘而犹生,耘之而求其尽也,亦未如之何矣。由是知君子小人之道,有自来矣。君子见善则喜之,见不善则远之;小人见善则疾之,见不善则喜之。善恶各从其类也。"

注释

①寡:数量少,和"众"相对,指善人数量少。

②耘:除草,文中指耕种时清除田里的杂草。

③蓬莠(péng yǒu):蓬草和狗尾草,文中代指田间杂草,比喻品行不端的小人。

白话译文

樵夫问道:"善人很少,不善的人却很多;太平盛世往往少见,混乱的世道却往往居多。这一点从哪里能看出

十七、"善恶"之辩

来呢?"

渔夫回答说:"从世间事物中观察,哪样东西不是如此呢?就拿五谷来说,就算不去清除杂草,谷物依然会生长;可即便费尽心力把杂草除得干干净净,收成也未必就一定丰厚。从这里就能明白,君子所秉持的道义与小人所遵循的原则,各自存在自然形成的道理。君子看到合乎道义的行为就会心生欢喜,见到违背道义的举动就会主动疏远;小人见到合乎道义的行为就会心怀憎恶,看到违背道义的举动就会满心欢喜。善与恶各自依从着同类的取向。"

重点解读

这段文字以"五谷与杂草"作比,阐释了"善人少而不善者多"乃是世间常态,更深层的含义在于点出"善恶各从其类"的道理。这给成年人的启示是:不必因"不善者众"而灰心,重要的是坚守自身的"善",因为坚持践行正确的事,这本身就是对"善"的滋养与守护。

原文在线

君子见善则就之①,见不善则违之;小人见善则违之,见不善则就之。君子见义则迁,见利则止;小人见义则止,见利则迁。迁义②则利人,迁利则害人。利人与害人,相去一何远耶?

注释

①就之：主动去亲近，这里指君子会积极靠近善良的行为。

②迁义：向道义靠拢，意思是君子会为了道义而改变自己的行为。

白话译文

君子看到善良的行为就会去亲近，看到不好的行为就会远离；小人看到善良的行为就会远离，看到不好的行为就会去亲近。君子看到符合道义的举动就会向其靠拢而改变自身，看到利益就会止步；小人看到符合道义的举动就会止步，看到利益就会向其靠拢而改变自身。向道义靠拢对人有利，向利益靠拢则对人有害。对人有利和对人有害，这两者之间的差距是多么大呀！

重点解读

这部分通过对照君子和小人的行为抉择，揭示出"善恶的本质在于方向的选定"：君子以"义"为行动指针，遇见道义便践行，碰到利益则止步，最终结果是对人有益；小人以"利"为行事目标，看到道义就停步，瞧见利益就行动，最终结局是危害他人。对于成年人来说，生活里的每一次抉择都是"迁义"与"迁利"的考验，一次妥协就可能偏离了善的道路，一次坚守就可能更接近正确的方向。

原文在线

"家与国一也，其兴也，君子常多而小人常鲜①；其亡也，小人常多而君子常鲜。君子多而去之者，小人也；小人多而去之者，君子也。君子好生②，小人好杀。好生则世治，好杀则世乱。君子好义，小人好利。治世则好义，乱世则好利。其理一也。"

钓者谈已，樵者曰："吾闻古有伏羲，今日如睹其面焉。"拜而谢之，及旦而去。

注释

①鲜（xiǎn）：数量少，和"多"意思相反，在这里指君子或者小人的数量不多。

②好生：热衷于护佑生命、追求善良，指君子看重生命与道义。

白话译文

"家庭与国家是一体的，当它们兴盛的时候，往往君子数量众多而小人数量稀少；当它们衰亡的时候，往往小人数量众多而君子数量稀少。君子多却离君子而去的，是小人；小人多却离小人而去的，是君子。君子热衷于护佑生命，小人热衷于伤害他人。热衷于护佑生命，社会就会安定有序；热衷于伤害他人，社会就会陷入混乱。君子看重道义，小人看重利益。安定的社会里人们看重道义，混乱的社会里人们看重利益。这些说法所蕴含的道理都是一样的。"

渔夫说完这些话，樵夫说："我听说古代有伏羲氏，今天见到您，就好像亲眼见到了伏羲氏一样。"于是向渔夫行拜谢之礼，天亮便离开了。

重点解读

这部分把善恶与家国兴衰联系起来：家族兴盛、邦国昌明，往往君子成群，小人踪迹难寻；家族败落、邦国倾覆之时，小人反倒扎堆，君子身影稀疏。于成年人而言，这昭示着个人在善恶之间的抉择从不是孤立的存在：当你选择"好生"，便是给家庭多添了一缕安稳；当你选择"好义"，便是为社会多聚了一丝刚正。

思维大图解

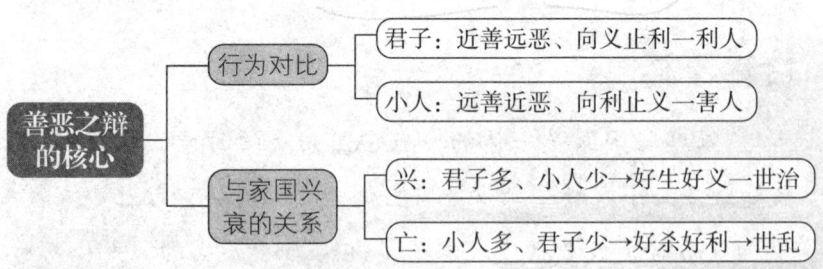

十七、"善恶"之辩

杨震暮夜却金

杨震生在东汉,字伯起,弘农华阴人,五十岁才步入仕途,官至太尉。他为官清廉,刚正不阿,是历史上有名的清官典范,"暮夜却金"的故事更是流传千古,道尽了善恶之间的坚守。

杨震任荆州刺史时,发现王密才华出众,便向朝廷举荐他为昌邑(今山东金乡县)县令。后来杨震调任东莱太守,途经昌邑,王密亲赴郊外迎接恩师。王密前来拜会,两人相谈甚欢,不知不觉已至深夜。王密起身告辞时,从怀中拿出黄金:"恩师难得光临,这点儿薄礼,以报栽培之恩。"

杨震眉头微蹙,正色道:"当初我举荐你,是因为赏识你的才学,希望你做个廉洁奉公的好官。你这样做,岂不是违背了我的初衷和对你的期望?你对我最好的回报,是为国效力,而非送这些东西。"

王密仍不死心:"三更半夜,只有我知、你知,不会有人知晓,您就收下吧!"

杨震顿时神情严肃,声色俱厉地驳斥:"你这话说错了!天知,地知,我知,你知!怎能说没人知道?即便没有旁人,你我的良心难道都没有了吗?"王密听罢,顿时满脸通红,羞愧地收起黄金匆匆离去。

渔樵问对

杨震为官十余年间,生活俭朴,从未为自己置办产业。有人劝他为子孙考虑,他却说:"让后世称他们为清白官吏的子孙,这份遗产,难道还不够丰厚吗?"

总结时刻

"善恶"之辩的终极是明白善良之人即便寥寥无几,也如五谷般能哺育世间;品行不端者纵然为数众多,终究像杂草般难以成为根基。

在成年人的生活中,善恶从来不是空洞的口号,而是实实在在的选择。不必强求每个人都心怀善意,只希望自己能始终站在善良的一方——这便是"善恶之辩"留给我们最真切的启示。